从民间草根经济到国家经济支柱

CONG MINJIAN CAOGEN JINGJI DAO
GUOJIA JINGJI ZHIZHU

赵晓勇◎著

中国文史出版社
CHINA CULTURAL AND HISTORICAL PRESS

《政协委员文库》丛书
编辑委员会

赵晓勇（2017年）

目錄

辑二 民营企业

辑一

民营经济

概　述

　　民营经济起源于民间以物易物活动。以物易物，经济活动，民间行为，是人类早期文明行为的重要表征之一。从以物易物到商品经营，催生了货币与市场，并以较大的杠杆力促进了市场经济发展。

　　民营经济具有的特征，或乡土气息、街头情景，或个体劳动、家庭作坊，或伙伴合作、集体众筹，或企业生产、经营、商贸、投资，等等，多种多样、多姿多彩。

　　有人把民营经济比作草根经济，不无道理。因为其根源于民间，生命又如同小草。小草个体生命脆弱，但群体生命旺盛，生生不息，促进经济大地永葆绿色。

　　有人把民营经济称为民本经济、民生经济、富民经济，因为它与广大民众息息相关，有天然的亲和力。"大众创业，万众创新"既是政府号召，也是民众心愿，是民营经济发展的根本动力。

　　中国古代民营经济形成与发展并在较长的时间段处于领先地位，得益于中华民族的创新精神，"四大发明"等创新成果奠定了工农等产业发展的技术基础；得益于商品市场的形成，促进劳动者努力把物品变成产品，进一步把产品变成商品；得益于市场经济的激励，高效率促进了大生产；得益于中华民族的工匠精神，创造了举世闻名的地理标志产品，奠定了中国品牌的基石。在1915年召开的巴拿马万国博览会上，包括贵州茅台酒、信阳毛尖茶、云梦鱼面等在内的10多万种中国地理标志产品共获奖章1218枚，为世界各国获奖之冠，特别是中国瓷器、中国丝绸、中国茶叶三大类产品，广泛受到国际市场欢迎。这些产品及其背后的产业是中华民族产业的基石，也记载了中国民营经济发展的光辉历史。如果把工业革命分为手工业革命和机器工业革命，中国手工业革命曾经千年保持领先地位，但在机器工业革命进程中曾经落后百年。

回顾中国当代民营经济发展历程，大致可分为五个阶段。

第一阶段：公私兼顾发展阶段（1949—1952）

1949年，4月15日，在中华人民共和国成立前夕，毛泽东提出："我们的经济政策可以概括为一句话，叫做'四面八方'。什么叫'四面八方'？'四面'即公私、劳资、城乡、内外。其中每一面都包括两方，所以合起来就是'四面八方'。""我们的经济政策就是要处理好'四面八方'的关系，实行公私兼顾、劳资两利、城乡互助、内外交流的政策。"

1949年，9月29日，中国人民政治协商会议第一届全体会议通过《共同纲领》，明确了国家经济建设的根本方针："是以公私兼顾、劳资两利、城乡互助、内外交流的政策，达到发展生产、繁荣经济之目的。"并规定："调剂国营经济、合作社经济、农民和手工业者的个体经济、私人资本主义经济和国家资本主义经济，使各种社会经济成分在国营经济领导之下，分工合作，各得其所，以促进整个社会经济的发展。"（"一个目的""四面八方""五种经济成分"）

1950年，12月29日，政务院第六十五次政务会议通过《私营企业暂行条例》，宗旨是在国营经济领导下，鼓励并扶持有利于国计民生的私营企业。

1950年，全国共有商业人员822万人，其中社会主义商业40万人，小商小贩674万人，资本主义商业107万人。

1951年，3月30日，政务院公布了《私营企业暂行条例实施办法》，其中规定了私人投资经营从事营利的各种组织可以采取有限公司的组织形式。这一规定对当时存在的1万多家私营企业的发展起到了积极的推动作用。5月5日，财政部公布《专卖事业暂行条例草案》，规定专卖品以国营、公私合营、特许经营及委托加工四种方式经营，其生产计划由专卖总公司统一制定。

1951年，国营和合作社商业占比19%，私营商业占比81%。

1952年，11月15日，中共中央发布《关于调整商业的指示》，指出：在国营经济和合作社经济巩固了主要阵地的前提下，调整公私商业的方案，应该是保持目前私营商业的一般营业额，不使其下降。具体调整办法有以下几个方面：一是价格方面，调整批零差价、地区差价和季节差价。二是划分公私间的经营范围。三是为了提高私商经营的积极性，还应取消各地对于私商的各种不适当的限制，禁止各地交易所的独占垄断行为，给正当私商以经营的可能，同时要防止私商的投机倒把行为，加强工商管理和调整公私关系。

1952年，私营商业在全国商业零售额中占比57.2%。

第二阶段：利用、限制和改造阶段（1953—1978）

1953年，6月，中共中央政治局讨论了关于《资本主义工业中的公私关系问题》的报告，以及在这个报告基础上起草的《关于利用、限制和改造资本主义工商业的若干问题》的文件，确定了对资本主义工商业实行利用、限制和改造的方针。9月25日，《人民日报》正式公布了过渡时期（从中华人民共和国成立到社会主义改造基本完成）总路线：要在一个相当长的历史时期内，基本上实现国家工业化和对农业、手工业、资本主义工商业的社会主义改造（一化三改）。11月11日，人民日报发表社论《进一步把私营工商业纳入国家资本主义的轨道》。11月12日，全国工商联首届会员代表大会号召：全国工商界要拥护国家过渡时期的总路线和对私营工商业所采取的利用、限制和改造的政策。

1954年，9月20日，全国人大一次会议通过《中华人民共和国宪法》，第十条明确指出："国家对资本主义工商业采取利用、限制和改造的政策。"

1955年，2月4日，人民日报发表社论《经过互助合作道路，改造农村小商小贩》。3月10日，人民日报发表社论《积极利用和改造私商》。12月13日，新华社报道，"目前全国500人以上的大型私营工厂已经基本上实行了公私合营。"

1956年，9月15—27日，中共八大召开，会上肯定了"三个主体，三个补充"的思想，即"国家经营和集体经营是主体，一定数量的个体经营是补充；计划生产是主体，在计划许可范围内按市场变化的自由生产是补充；国家市场是主体，一定范围内国家领导的自由市场是补充"。

1956年底，全国96.3%的农户和90%以上的手工业者加入合作社，私营工业人数的99%和私营商业人数的85%实现了公私合营。我国基本上实现了对农业、手工业和资本主义工商业的社会主义改造。

1958年，4月2日，中共中央发出《关于继续加强对残存的私营工业、个体手工业和对小商小贩进行社会主义改造的指示》，指出：小型的私营工业、个体手工业和小商小贩的生产经营存在很大的盲目性和资本主义的自发倾向，因此，要将它们一律管理起来，不允许它们未经登记进行非法经营；凡是经过审查允许继续经营的，必须加强监督和管理，取缔它们的投机违法行为，对他们采取"利用、限制和改造"的政策。

1962年，3月2日，人民日报发表社论《正确执行党的政策，积极发展手工业生产》，社论说，根据我国的实际情况，手工业应该是全民所有制、集体所有制、社会主义经济领导下的个体所有制并存，而以集体所有制为主要形式。

1965年至1970年间，全国城镇个体工商业者人数逐年下降，1965年为171万人，1966年为156万人，1967年为141万人，1968年为126万人，

1969年为111万人，1970年为96万人。

1972年底，全国城镇个体工商业者人数下降至66万人，是1965年171万人的38.6%。其中个体工业下降了53.8%，个体建筑业下降了40%，个体运输业下降了50%，个体商业、饮食业、服务业下降了58.3%，其他个体经营者下降了71.0%。

1978年底，全国城镇个体工商业从业人数下降至14万人，全国民营经济发展处于最低谷。

在此阶段，中国民营经济经历剧烈震荡，但并没有"消亡"，也不是"最后的遗迹也被一扫而光"。

第三阶段：恢复发展阶段（1979—2001）

1979年，1月17日，邓小平约请胡厥文、胡子昂、荣毅仁、古耕虞、周叔弢五位老工商业者座谈，提出"要落实对原工商业者的政策"，要吸引外资，"钱要用起来、人要用起来"，为改革开放服务。4月5日，中共中央召开工作会议，提出了对国民经济实行"调整、改革、整顿、提高"的八字方针。

1981年，7月7日，国务院发布《关于城镇非农业个体经济若干政策性规定》，指出：在我国社会主义条件下，遵守国家的政策和法律，为社会主义建设服务，不剥削他人劳动的个体经济，是国营经济和集体经济的必要补充；在国营经济和集体经济占绝对优势的前提下，恢复和发展城镇非农业个体经济，对于发展生产，活跃市场，满足人民生活的需要，扩大就业，都有着重要的意义；各地政府和财政、商业、轻工、物资、银行、工商管理等有关部门，应当扶持城镇非农业个体经济的发展。

1979年至1987年间，全国个体工商业从业人员逐年上升：1979年为31.1万人；1980年为80.6万人；1981年为227.5万人；1982年319.9万人；1983年为746.5万人；1984年为1303.1万人；1985年为1766.2万人；1986年为1845.9万人；1987年为2158.3万人。

1988年，4月12日，全国人大七届一次会议通过宪法修正案，《宪法》第十一条增加规定："国家允许私营经济在法律规定的范围内存在和发展。私营经济是社会主义公有制经济的补充。国家保护私营经济的合法权利和利益，对私营经济实行引导、监督和管理。"

1992年，1月18日—2月21日，邓小平在视察武昌、深圳、珠海、上海等地时，发表了著名的"南方谈话"，提出关于姓"资"还是姓"社"问题的判断标准："三个有利于"，即"是否有利于发展社会主义社会的生产力、是否有利于增强社会主义国家的综合国力、是否有利于提高人民的生活水平。"

1997年，9月12—18日，中共十五大召开，把"公有制为主体、多种所有制经济共同发展"确立为我国社会主义初级阶段的一项基本经济制度，第一次明确提出"非公有制经济是社会主义市场经济的重要组成部分。"

2000年，12月4日，江泽民在全国统战工作会议上提出"两个健康"要求，即，我们应本着团结、帮助、引导、教育的方针，着眼于非公有制经济健康发展和非公有制经济人士健康成长。

1988年至2000年间，在全国城镇个体工商户数持续增长的同时，全国私营企业（一部分直接登记注册产生，另一部分由个体工商户成长转变，还有一部分由乡镇企业和中小型国有企业改制形成。）户数逐年增长：1988年为4.06万户；1989年为9.06万户；1990年为9.81万户；1991年为10.8万户；1992年为13.9万户；1993年为23.8万户；1994年为43.2万户；1995年为65.5万户；1996年为81.9万户；1997年为96.1万户；1998年为120.1万户；1999年为150.9万户，2000年为176.2万户。

2001年底，全国登记注册的个体工商户共有2433.0万户，从业人员4760.3万人，注册资金为3435.8亿元；实现产值7320.0亿元，营业额19647.9亿元，商品零售额11499.2亿元。全国登记注册的私营企业共有

202.9万户，从业人员2713.9万人，注册资金为18212.2亿元；实现产值12558.3亿元，营业额13368.9亿元，商品零售额8175.3亿元。

第四阶段：鼓励、支持、引导发展阶段（2002—2012）

2002年，中共十六大提出坚持和完善基本经济制度，指出：必须毫不动摇地巩固和发展公有制经济，必须毫不动摇地鼓励、支持和引导非公有制经济发展。

2007年，中共十七大报告指出：坚持和完善公有制为主体、多种所有制经济共同发展的基本经济制度，毫不动摇地巩固和发展公有制经济，毫不动摇地鼓励、支持、引导非公有制经济发展，坚持平等保护物权，形成各种所有制经济平等竞争、相互促进新格局。

2012年，中共十八大报告指出：保证各种所有制经济依法平等使用生产要素、公平参与市场竞争、同等受到法律保护。

"两个毫不动摇""两个坚持""一个保证"的经济发展方针，促进了中国民营经济由小到大、由弱变强，健康发展。

2012年底，全国个体工商户4059.3万户，私营企业1085.7万户，个体私营从业人员1.95亿人，个体私营经济创造了60%的GDP、50%的税收、80%的就业、90%的新增就业。

在此期间，农村新型合作组织"农民专业合作社"大量涌现，2008年达到11.09万户，2012年达到68.9万户。

第五阶段：推动高效率高质量发展阶段（2013年以来）

2013年，11月，中共十八届三中全会决定提出：推动经济更有效率、更加公平、更可持续发展。推动资源配置依据市场规则、市场价格、市场竞争实现效益最大化和效率最优化。

2016年，3月，习近平在民建、工商联界别委员联组会上强调：必须坚持公有制为主体、多种所有制经济共同发展的基本经济制度；必须坚持"两个毫不动摇"。重申：非公有制经济在我国经济社会发展中的地位和作用没有变，我们鼓励、支持、引导非公有制经济发展的方针政策没有变，我们致力于为非公有制经济发展营造良好环境和提供更多机会的方针政策没有变（三个没有变）。

2017年，中共十九大报告提出：贯彻新发展理念，建设现代化经济体系。必须坚持质量第一、效益优先，以供给侧结构性改革为主线，推动经济发展质量变革、效率变革、动力变革。（三个变革）。支持民营企业发展，激发各类市场主体活力。

2018年，国务院政府工作报告指出：支持民营企业发展。坚持"两个毫不动摇"，坚持权利平等、机会平等、规则平等（三个平等），全面落实支持非公有制经济发展的政策措施，认真解决民营企业反映的突出问题，坚决破除各种隐性壁垒。构建亲清新型政商关系，健全企业家参与涉企政策制定机制。激发和保护企业家精神，增强企业家信心，让民营企业在市场经济浪潮中尽显身手。

2018年，3月16日，全国市场主体过亿户，达到1.0024亿户。

当前，我国民营经济占GDP比重、民营税收占全国税收比重、民间投资占全社会固产投资的比重"三过半"。

当今，多姿多彩的民营经济与国有经济、集体经济、混合所有制经济、外商投资经济等经济形态相辅相成，相互补充，相互促进发展，共同形成推动国家进步发展的经济力量。

2018年6月

"质"与"量"：民营经济发展的双重目标

改革开放以来，湖北民营经济发展较快，在经济增长、扩大就业、繁荣市场等方面发挥着日益重要的作用，成为促进湖北经济社会发展的最具生机与活力的重要力量。2003年，全省私营企业达到86515户，企业注册资本金总额达到1072亿元；全省个体工商户达到104.9万户；全省私营企业和个体工商户共创产值966.7亿元，实现营业额1833.7亿元；全省个体私营经济从业总人数达到354.9万人；全省85.4%的国有企业已改制为民营企业；全省民营企业资本总额、工业增加值和实现利税在全省规模以上工业中占比分别达到20%、40%和28%。湖北民营经济发展已具相当规模，但是，在汹涌澎湃的市场经济发展大潮中与一些发达省份相比，又显得发展不够。主要表现在：企业数量少、规模小，民间投资增幅不大，企业核心竞争力不强，吸纳劳动力能力不大等。如何使湖北民营企业增多、做大、做强，使湖北民营经济加快发展、健康发展，是摆在我们面前的重大课题。

培育市场主体，促进民营企业"量"的大发展

企业是市场主体，是经济肌体的活力细胞，是经济发展的动力之源，企业"量"的发展直接关系到经济总量的增加和经济质量的提

高。应从发展经济和扩大就业双重目标出发，尽快制定政策措施和工作措施，催生企业，催生创业者，促进市场主体大发展。

1. 催生企业

通过降低企业设立门槛，降低注册资本金最低限额，让更多的新企业诞生，是促进民营经济快速发展，缓解就业压力的最有效途径。对此，一些国家和地区为缓解年轻人不能充分就业的问题，相继出台了激励企业诞生的政策措施。例如，日本经济产业部、人力部和教育部联合制定了一项培育万家起步公司计划，从2004年起，由日本财政部连续三年拨出专款，作为培育起步公司补助经费；美国的小企业发展中心，香港的生产力促进局为促进小企业的诞生与发展，提供培训、信贷，帮助开发产品、开拓市场，出口援助等服务。在一些国家和地区，一美元即可注册公司。而我国现行法律规定的企业设立门槛过高，如注册公司资本金最低限额需达到10万元，仅这一条就把刚出校门身无分文的年轻人挡在自主创业大门之外，阻碍了企业创立和发展。应从实际出发，尽快制定政策措施和工作措施促进企业诞生、培育企业生长、支持企业发展，比如：通过降低企业设立门槛，降低注册企业资本金最低限额，实行零资本或一元钱资本注册企业制度，让更多的新企业诞生；通过提供培训服务、融资服务支持创业者特别是刚出校门身无分文的年轻人创业；通过健全完善中小企业服务体系，高效率地促进中小企业发展。

2. 催生创业者

湖北是教育大省，每年高校毕业生需就业的约15万人，高中、中专毕业生需就业的约25万人，初中毕业生需就业的约40万人，如何更新他们的就业观念？如何提高他们的创业能力？如何优化他们的创业环境？值得认真思考并研究对策。

一是加强创业训练。学校，特别是大中专学校在加强学生知识教育的同时，还要注重加强生计教育、职业教育和创业能力训练，努力使学生具备知识与技能的专项能力、创业能力和创新能力。对那些不能升入高中和大学的初、高中毕业生也不能忽视，应加强专门的有针对性的初中后、高中后职业技能训练和创业知识传授，为其自主创业打下知识基础和能力基础。

二是转变就业观念。达到就业年龄的各类毕业生和待业人员要转变习惯于"靠别人安排""给别人打工"的传统观念，树立"靠自己努力""为自己创业"的奋斗理念，靠知识和技能，开辟自己的创业发展道路。

三是优化创业环境。政府也要转变观念：变"安置就业"为"支持创业"。通过培养大中专毕业生的创业能力，催生创业者；通过努力营造有利于年轻人自主创业的良好环境，支持创业者；通过促进创业者成长、促进新企业诞生来促进开发新岗位，培育新的经济生长点和增长点；通过催生创业者、催生企业，努力开创湖北创业环境不断优化、民营经济蓬勃发展的新局面。

努力做大做强，促进民营企业"质"的大提高

民营企业伴随市场经济产生，伴随市场竞争发展。民营企业是否具有不断挑战市场竞争的主观能动性，是否能够面向市场优质高效地配置经济资源，是否能够在激烈的竞争中不断提高企业素质发展壮大自己是做大做强的关键所在；同时，为民营企业做大做强提供有力有效的支持与服务，是政府加强宏观经济调控、优化经济发展环境的责任所在。

近年来，湖北民营企业不断发展壮大，但是，从整体上来看，还是显得较"瘦"较小，不大不强。2002年，湖北私营企业户均年产值59.5万元，比全国平均水平63.1万元少3.6万元；户均年营业额77.7万元，比全国平均水平85.7万元少8.0万元；户均用工人数12.7人，比全国平均水平14.2人少1.5人。要改变现状，消除三大差距，须从多方努力。

1. 民营企业做大做强，必须树立科学的战略发展意识

努力做大做强，应成为民营企业家的自觉意识和行为。一是要摒弃狭隘的小农经济意识、家庭经济意识、自然经济意识，拓宽面向大产业经营、面向大市场竞争、面向新领域发展的视野；二是要改变养家自富、小富即安的人生理念，树立产业报国、大有作为的人生价值观；三是要跳出家属、亲戚、朋友的用人小圈子，树立面向市场优选人才、借脑增智的用人观；四是要改变得过且过的习惯，具备创新跨越的谋略；五是要改变满足于"既无外债，又无内债"心安理得的思想，树立既注重自我资本积累，又注重社会资本积聚加速企业发展的意识；六是要改变只会经营产品，不会经营资本的原始经营方式，学会既会经营产品，又会经营资本的本领；七是要改变习惯于作坊式生产，传统的企业管理办法，加快建立现代企业制度、实施科学管理企业的步伐；八是要改变就生产论生产，就经济论经济的思维模式，树立经济与社会协调发展的观念，一方面通过企业发展影响社会、服务社会、回报社会，另一方面通过良好的社会信誉、社会影响力促进企业的生产经营更快更好地发展。

2. 努力做大做强，应成为大小企业共同的奋斗目标

大和强，既有绝对概念，又有相对概念，大企业要在大的基础上努力做得更大更强，努力成为全国、国际知名大企业；小企业要在小的基础上先通过努力做精做专，再向做强做大的目标迈进。

民营企业做大做强，不乏成功范例。我省企业家丝宝集团董事长梁亮胜说得好："企业在发展中，不仅关注眼前，更要关注将来；不仅注重环境提供的机遇，更要注重自身与环境之间始终保持良好的协调，丝宝集团的发展就是高度关注外部环境，积极培育和提升核心竞争力的结果。"正是这种意识，使丝宝集团1989年由百万元起步，14年发展成为一个年销售额达22亿元、拥有中国名牌产品、具有国际影响力的大型企业。劲牌有限公司董事长吴少勋坚持"做事业，不做家业；做船长，不做家长；做蛋糕，不分蛋糕"。使企业一年一个大变化，一年一个大发展：在由国有企业改制为民营企业后的短短四年间，提供税收由1998年的1300万元上升到2002年的7000万元。福星科技股份有限公司从一个只有四个人伙办的小铁木加工厂，通过20年努力，发展成为净资产过7亿元、年产值过10亿元的全国钢丝绳行业的龙头企业，成功的秘诀是什么？董事长谭功炎说："我们靠的是永不满足的奋斗精神。"这种胸怀、意识、行为、业绩，为民营企业做大做强提供了精神动力。

3. 民营企业做大做强，必须选择经济联合发展之路

资源配置国际化、产品生产国际化、国际市场一体化是伴随信息技术革命产生的新经济现象，其影响力使得产品生产与销售的属地特征与区域界限彻底被打破，使得资本间融合、资源间整合、企业间联盟、专业化生产、社会化协作更为广泛，成为市场经济发展速度与效益不断提高的新型推动力量。从企业层面来看，努力做大做强，寻求经济联合发展之路，要处理好以下四个方面的关系：

一是正确处理资本积累与资本积聚的关系。湖北民营企业发展大都经历了家庭工厂（或伙办工厂）、股份合作制企业、股份制企业三个阶段。前两个阶段主要依靠自有资本积累推动企业生产经营发展。

第三个阶段，企业发展成为股份制企业，具备了面向市场融资、面向社会积聚资本的条件。此时，民营企业要努力借外力优化产权结构和资本结构，不仅要善于积累资本，使剩余价值资本化，更要善于面向市场积聚资本，使企业资本扩大化；不仅要善于"赚钱发展"，而且要敢于"借钱发展"；不仅要会经营产品，而且要会营运资本，才能加快企业做大做强的步伐。

二是正确处理当主角与当配角的关系。从资本投资角度来看，作为拥有优势企业、优势产品的企业家，应敢当主角，积极吸纳他人资本、利用他人的资产发展自己的企业，发展自己的产品，用优势企业、优势产品引资，靠优势企业、优势产品赚钱；企业、产品无优势的企业家要甘当配角，择优而从，接受他人的兼并，投资他人的企业，靠资产、资本投资入股同样可以赚钱。优势企业兼并弱势企业有利于做大做强，弱势企业被兼并同样有利于做大做强。从产品生产角度来看，主机生产厂把零配件生产转让给小型专业厂，抓大放小，有利于企业规模做得更大，效率效益更高；配件生产厂产品小，产量大，配套服务千万家，企业规模仍然可以做大，小中见大。温州的打火机、孝感的胶粘带生产企业发展就是例证。

三是正确处理个体竞争与团队竞争的关系。市场经济是竞争经济，企业在竞争中生存，在竞争中发展。竞争的力量来自企业个体，也来自团队。在团队中，有分工，有合作，量力而行，择优而为。依靠个体竞争力提高企业专业化生产水平，依靠团队竞争力提高企业集团整体实力。把企业个体做专做精与企业集团做大做强有机结合起来，加快发展。按市场规律、价值规律、产业发展规律组织专业化生产、集团式管理、集约化经营，是做大做强的成功发展道路。

四是正确处理"引进来"与"走出去"的关系。在注重引进资金、技术、人才、管理的同时，要注重"走出去"发展，着力发展外向型经济，努力参与国际经济合作，结交国际经济伙伴，利用国际经济资源，努力走出一条国际化营销、国际化生产、国际化资源配置的产业发展道路。

从政府层面来看，支持民营企业做大做强，在实施经济调节、规划产业发展时要突出两个重点：

一是引导产业链条延伸。围绕大产品引导发展大产业，围绕主导产业引导发展相关产业，围绕主导产品引导发展延伸产品，通过支持做大做强主导企业带动上、下游配套企业发展，通过上、下游企业发展促进主导企业做大做强，通过企业做大做强促进产业做大做强，走出一条产品联系发展、企业联系发展、产业联系发展的经济发展之路，是加快区域经济发展的有效途径。工业方面，要充分发挥大型骨干企业对产业发展的引擎作用，围绕大企业、大产品、大产业延伸产业发展链条，促进产品系列发展。以钢铁产业为例，在继续发挥钢铁生产优势的前提下，通过大力发展上游的"喂"钢产业（原材料供应、冶金辅助）和下游的"吃"钢产业（钢铁制品、标准化钢构建筑），拉长产业发展链条，促进系列钢铁产品生产经营发展。农业方面，目前我省农产品加工业产值与种植业产值之比为0.9∶1，与我国沿海地区3—5∶1、发达国家7—8∶1的水平相比相差太大，这也是我省农业产业发展不快、经济总量增幅不大的原因之一，要加快农业产业化发展步伐，应该树立工农业产业联系发展的观念，用工业化促进农业产业化快速健康发展，围绕粮、棉、油、牧、副、渔、禽、菜、烟、果、药、茶12大类农副产品的规模生产、系列加工、产品变形、价值增值动脑筋、想办法、下功夫、做文章、求实效。

二是引导产业集群发展。结合湖北实际，产业集群发展应按照工业支柱产业行业集群发展和农业特色产业区域集群发展的思路展开。工业形成汽车（机械制造）及零配件产业集群、钢铁及钢铁制品产业集群、纺织及纺织用品产业集群、石化及石化系列产品产业集群、建材及建材制品产业集群等。农业产业化结合本地特色资源的种植、养殖和加工，在"一村一品""一乡一品"成功发展的基础上，逐步实现"一县一品"规模化生产，系列化加工，集约化经营，努力把农副小产品，做成国内、国际市场畅销的大商品。

民营企业在体制机制、资源配置、资本运用等方面具有较大的灵活性和优越性，在围绕国有工业主导产品配套发展相关产品、延伸产品，围绕农业规模种植、系列加工，围绕优势产业协作配套，促进产业链条延伸，促进产业集群发展等方面大有作为。

4. 民营企业做大做强，必须高效营运民间资本

据统计，截至2002年底，我国全体国民个人拥有的资产总量达到25万亿元，是国有资产总量11.8万亿元的2.1倍；个体私营企业注册资本总额达到2.85万亿元，其中当年新增加0.69万亿元。高效利用民间资本，充分发挥资本结合力量，对于促进民营企业做大做强具有重大的杠杆作用。

一是我省国有大中型企业要大手大脚地实行股份制改造，大张旗鼓地出让转让国有股本，大范围大比例地吸纳民间资本投资，进一步激发民间资本推动国有企业改革发展的动力。

二是采取有力措施，推动不同所有制企业之间（包括国有企业、民营企业、外资企业）、资本之间（包括国有资本、民间资本、国外资本）的经济联合，推动产权和生产要素按市场价值规律流动和重组。进一步放活国有资本营运方式，放大国有资本经济功能，采取国有资本参股投资优势民营企业，让国有资本与民间资本合资经营，促进企业做大做强。具体做法：或允许国有企业转民改制中以保留部分股权形式参股投资优势民营企业，或支持国有企业投资收购优势民营企业的股权，或支持国有企业与优势民营企业联合投资设立企业，努力开辟国有企业改革发展的新途径，开创混合所有制经济发展的新局面。

三是激活民间金融资本，让民间金融资本独立式经营（支持发展民资银行）、参与式经营（吸纳民间资本入股投资国有商业银行）、集合式经营（支持民资银行跨地区集团式经营）、外联式经营（让民资银行与外资银行联合经营），促进民间资本营运效率提高，促进资本市场发展。

5. **民营企业做大做强，必须优化经济发展环境**

企业生长、发展需要土壤和环境。营造环境就是培育生产力；改善环境是发展生产力，保护环境就是保护生产力。

一是要优化法制环境。加强法制建设，使民营企业和非公有制经济代表人士的合法权益和合法财产得到可靠保护；倡导守法经商，以法治商，诚实守信；用法制手段，下决心把"假、冒、伪、劣，坑、蒙、拐、骗，黄、毒、赌、非"扫进历史垃圾堆，使市场经济向法制经济方向健康发展。

二是要优化舆论环境。鼓励致富，引导致富，致富光荣；大力宣传、表彰"优秀民营企业""优秀非公有制经济代表人士"和"优秀社会主义事业建设者"，激励民营经济健康发展和非公有制经济代表人士健康成长。

三是要优化市场环境。企业联系市场，企业离不开市场。优良的市场环境能够催生市场、产品、企业和产业，能够聚集资本和人才，能够推动技术创新发展和土地资源的高效利用。大市场促进产业大发展，大市场促进经济大发展。湖北是"九省通衢"之地，是南北东西之交通要塞，有得天独厚的市场发展优势。武汉有过中国第二大商埠的历史，现在仍然是一个大市场，但认真分析，只是一个商品交易大市场，而不是一个资本交易大市场，在科学技术现代化、市场经济高度发展的今天，商品市场交易额渐渐小于甚至远远小于资本市场交易额，从这一点来看，武汉却又不是一个大市场。由此可见，湖北市场环境建设和市场服务能力建设方面任重道远，建设要素市场，包括资本市场、劳动力市场、土地市场、技术市场和信息市场，特别是尽快培育资本市场，应作为湖北经济发展战略任务之一。

四是要优化建设环境。在这方面，各级党委政府下的决心最大，花的气力和精力也最大，但至今还没有从根本上解决问题。"上有政策、下有对策"的"三乱"屡禁不止，"程序要你排队、管理就是收费"的现象比比皆是，多年来没有走出"三乱—治理—收敛—放松—再乱"的怪圈。看来，政府机构改革不彻底，减人减支不到位也关联环境建设与经济发展大局；看来，规范政府行为，降低行政管理成本，提高行政服务效率，仍然有许多工作要做。

五是要优化人文环境。要消除少数人的"恐私""仇富"心理，倡导尊重非公有制经济人士、鼓励民营经济发展的重商文化；倡导"致富思源""投身光彩事业""关心弱势群体""鼓励一部分人先富起来""先富帮后富""先富者为共同富裕带头作贡献"的中国特色社会主义新风尚。

"质优""量大"是民营经济健康发展的标志，是企业与政府追求的共同目标，只有通过共同的努力，才能收获共同的成果。

（原载于《党政干部论坛》2004年第8期；《当代经济》2005年第4期；人民日报社新闻信息中心，《学习与实践》专栏2005年12月12日等）

做好四篇文章　增强湖北民营经济发展动力

在社会主义市场经济条件下，如果说国有经济是我国经济发展的主导力量，是巩固经济基础的稳定器；那么民营经济则是推动经济发展的重要力量，是经济发展的加速器。

在新中国成立初期，湖北同全国一样，通过没收官僚资本和对个体工商业进行社会主义改造，使国家经济基础得到初步建立；在20世纪50年代，随着武钢、武重、武船、武锅等一批"武"字头国有大中型企业的建设，使湖北国有经济的主体地位得到确立；在六七十年代，随着"二汽"和一批"三线"企业相继建成，国有经济的主体地位得到进一步巩固和提高。1978年，湖北全部工业产值中，国有工业占77.3%，集体工业占22.7%，其他所有制经济几乎是一片空白。

改革开放以来，通过发展城乡个体私营经济、合资合作经济和外资经济等多种非公有制经济形式，初步形成了以公有制经济为主体、多种所有制经济共同发展的良好格局。特别是自1992年以来，湖北民营经济不断发展壮大。到2002年底，全省私营企业发展到7.05万户，其中私营企业集团109户；从业人员93.4万人，其中投资者15.5万人；注册资本755.6亿元，户均107.2万元。全省个体工商户101万户，从业人员238万人；注册资金165.6万元，户均1.64万元。个体私营经济共创产值857.4亿元；销售总额达1179.57亿元，出口创汇14亿元；纳税39.4亿元，税额占全省地方一般财政收入的16.2%；全省民营经济工业增加值占比上升到29%，与国有经济、集体经济相比，三分天下有其一。

但是，在汹涌澎湃的市场经济发展大潮中与一些发达省份相比，湖北民营经济又显得发展滞后，其表现：

一是总量少，规模小。湖北私营企业的总户数分别占江苏、浙江、山东的25%、28%、40%；从2002年新开业的私营企业数据来看，江苏为87612家、浙江为68582家、山东为48370家，而湖北只有21625家，发展速率相对缓慢。

二是产业结构不合理。湖北个体私营企业大都集中在房地产业、餐饮娱乐业、传统商贸业和传统制造业，二产业比重仅占20%左右，低于全国水平。

三是民间投资增幅不大。2003年，湖北个体私营企业注册资本总量921.2亿元，比上年增加172.8亿元，增长23.1%；而江苏增幅为47.9%；山东增幅为39.7%。

四是企业核心竞争力不强。表现在企业内部人才少，管理水平低；产品科技含量低，名优产品少；企业自有资本少且融资渠道窄；企业外向关联度低，利用外资、进出口贸易量小，2003年，湖北民营企业出口2.28亿美元，虽然同比增长160.4%，但仅占全省年度出口总额的8.75%。总之，企业综合实力较弱，市场领域不宽，市场竞争力不强。

五是吸纳劳动力能力不强。2002年，湖北个体私营企业从业人员为331.4万人，年增长6.12%；全国为8152.2万人，年增长9.07%，与全国平均水平相比湖北增长速度低3个百分点。湖北每万人中在个体私营企业就业的人数为559人，全国为648人。如果达到全国平均水平，湖北就业人数则可增加53.4万人。

如何缩小差距，使湖北民营企业增多、做大、做强，加快发展，笔者认为，应在以下四个方面下功夫，做文章。

第一篇文章：发展企业

企业是市场主体，是经济发展的动力之源。企业"量"的扩张与"质"的提高直接关系到市场经济发展的速度与效率。因此，催生企业、培育企业生长，支持企业发展是政府在市场经济条件下宏观调控行为的重要任务之一。为了迅速改变湖北民营企业数量少、规模小、发展慢的状况，应采取以下措施：

1. 催生小企业小公司，促进民营企业"量"的大发展。应从发展经济和扩大就业双重目标出发，尽快制定政策措施和工作措施，大力培育并支持创办小企业和小公司。通过降低企业或公司门槛，取消注册资本最低限额，让更多的新企业和起步公司诞生。通过激励创业者成长，促进小企业、小公司诞生，促进开发新岗位，培育新的经济增长点。

2. 树立做大做强的发展意识，促进民营企业"质"的大提高。民营企业要有发展的战略眼光，要有做大做强的内在动力。汉川福星科技股份有限公司从一个只有四人伙办的小铁木加工厂发展成年产值10亿元、净资产7亿元、税收近亿元的全国钢丝绳行业的"领头羊"，成功的秘诀是什么？董事长谭功炎说："我们靠的是永不满足的奋斗精神。"这种胸怀、意识、行为、业绩，为民营企业做大做强提供了精神动力，举出了成功例证。

政府要为民营企业做大做强提供外部动力，要把支持、促进民营企业做大做强作为政府宏观经济调控的重要工作任务之一。要制订引导、鼓励、支持民营企业壮大、发展的产业激励和产品激励政策；要引导和促进民间资本向优势产业积聚并合理流动，引导和促进民营企业按市场经济规律合理配置经济资源；要按照发展混合所有制经济的要求引导和促进不同所有制企业之间合资合营合作，鼓励企业合作、资本联合、管理融合，按市场规律、价值规律、产业发展规律组织专业化生产、集团式管理、集约化经营，集中力量生产大产品，兴办大产业，发展优势产业，逐步提高企业和产品的行业竞争力与市场竞争力，支持发展大企业、大产品、大产业，使之成为全省经济发展的排头兵和主力军。

3．着力解决资金瓶颈问题，为民营企业提供多形式多方位的金融服务。具体来说，要尽快建立完善的信用登记制度、权威的资信评估体系和贷款担保体系；要落实并使用好国家政策出台的"中小企业发展基金"和"高新技术产业发展基金"；加快建立支持民营经济发展和支持发展名优产品的专项基金；加大财政支持力度和金融监管力度，推动民间投资，激活民间资本参与经济建设。

4．加快公有制企业改革步伐，集合混合所有制经济发展力量。在加快"国企改革""集体转民"步伐的同时，尽快制定并实施混合所有制企业改革和混合所有制经济发展的行动计划。我省大中型国有企业要大手大脚地实行股份制改造，大张旗鼓地出让转让国有股本，大范围大比例地吸纳民间资本投资，努力开创混合所有制经济发展的新局面。

第二篇文章：优化环境

企业生长、发展需要土壤和环境。不断改善民营经济发展环境，应成为各级政府在社会主义市场经济条件下管理与发展经济的重要任务。改善环境就是培育生产力、发展生产力。

一是要优化法制环境。使民营企业和非公有制经济代表人士的合法权益和合法财产得到可靠保护。鼓励致富，引导致富；致富安全，致富光荣。倡导守法经商，以法治商，诚实守信。建设法治社会，使市场经济向法治经济方向健康发展。用法治手段，下决心把"假、冒、伪、劣，坑、蒙、拐、骗，黄、毒、赌、非"扫进历史垃圾堆。

二是要优化政策环境。彻底消除政策歧视，真正给民营企业在投资、融资、税收、土地使用、对外贸易、享受国家政策扶持等方面与国企同等待遇。采取有利于促进民营企业发展和民间资本营运的政策措施。大力宣传、表彰"优秀民营企业""优秀非公有制经济代表人士"和"优秀社会主义事业建设者"，激励民营经济健康发展和非公有制经济代表人士健康成长。

三是要优化市场环境。企业联系市场，企业离不开市场。优良环境能够催生市场、产品、企业和产业，能够聚集资本和人才，能够推动技术创新和土地升值。大市场促进产业大发展、大市场促进经济大发展是一条为古今中外经济社会发展实践所证明的真谛。怎样发展大市场？发展什么样的大市场？怎样营造有利于发展大市场的环境？应该列入经济发展战略的重大课题。

四是要优化人文环境。要消除少数人的"恐私""仇富"心理，倡导尊重非公有制经济代表人士、鼓励民营经济发展的重商文化；倡导"致富思源""投身光彩事业""关心弱势群体""鼓励一部分人先富起来""先富帮后富""先富者为共同富裕带头作贡献"的中国特色社会主义新风尚。

第三篇文章：培育品牌

培育品牌产品、品牌企业、品牌产业是企业发展、产业发展、区域经济发展的重要任务，是企业、行业、政府的共同责任，应该摆上重要议事日程。产品无品牌，缺乏竞争力；企业无品牌，缺乏生命力；产业无品牌，缺乏影响力；区域无品牌产品、品牌产业，缺乏经济发展动力。有人提出："品牌就是形象""品牌就是生产力""实施品牌战略""靠品牌占领市场竞争的制高点""靠品牌取胜""靠品牌发展"的口号，饱含真理。

品牌产品又是影响品牌企业、品牌产业形成的关键所在，更应该引起企业、行业、政府的高度重视。怎样培植品牌产品？笔者不想从技术方案、生产方案、管理方案、营销方案去作赘述，只是举例说明。湖北福星科技股份有限公司董事长谭功炎说得好："没有精品品牌，就没有竞争力；没有高科技，就没有生命力。"在20年间，引领公司投入4亿多元，开发出20多个品种、50多个规格的新产品，有5个产品获部优省优称号，有的产品填补了国家空白。由于技术创新和产品开发，促进了企业核心竞争力提高，促进了企业发展。企业金属制品年产量达15万吨，为全国同行榜首；高新技术产品占公司产品的比重达60%以上。公司通过实施精品名牌战略，促进企业夺得行业利润总额、净资产利润率两个第一名。在这里强调的是：要大树特树精品名牌意识和行为。

面对湖北缺少精品名牌产品的现实我们应该承认差距，但是，我们不赞成"莺歌（莺歌牌收音机）哑了""黄鹤（黄鹤牌自行车）飞了""荷花（荷花牌洗衣机）谢了"等哀声悲语，应该看到：虽然"莺歌哑了"，但歌唱条件依然完好；虽然"黄鹤飞了"，但黄鹤楼雄风依然不减；虽然"荷花谢了"，但生长荷花的土壤依然肥沃。只要我们摒弃消极、悲观、难作为的观点，更改"醒得早，起得晚，行动更晚"的惰性，以求实、鼓劲、发展的态度来看待湖北的经济发展实际，实施"发展经济从我做起行动计划"；实施"发展精品名牌产品企业行动计划、行业行动计划和政府行动计划"，有了奋进的意识和有效的行为，就没有办不成的事，没有办不好的事，没有开发不出来的精品名牌产品。

第四篇文章：培育人才

当今世界，科学技术日新月异，知识经济迅猛发展，社会进步形成潮流，管理现代化步伐不断加快。管理重心逐步由物本管理进步为人本管理，再进步为能本管理。因此，人才竞争力成为企业第一竞争力，培育人才优势是形成企业优势、产品优势、产业优势之根本。

从企业内部来看：培养、培优生产经营管理人才是民营企业自身生存与发展的根本大计。一是要注重提高企业全员素质，包括思想品德素质、科学文化素质、技术技能素质和身体心理素质，只有全员素质提高，企业整体素质才能提高，企业发展才有人才动力。二是企业家要注重提高自身素质，宏观思维、战略眼光、创新意识、经营策略、决策水平、管理才干、实践能力、用人之道、权力因素和非权力因素影响力以及社会影响力都很重要。三是要注重开发企业高层次人才资源，不断优化民营企业管理人才队伍，提高管理水平。红桃K集团董事长谢圣明敢于实行用人制度革命，提出过三关，即"过亲属关、元老关、自我关"，为优化民营企业人才队伍，促进民营企业做大做强、快速发展树立了成功典范。

从企业外部来看：帮助民营企业开发人力资源，为其提供智力支撑是促进民营经济快速健康发展的高效途径。除了办好各类教育，为民营企业提供预备人力资源外，还应该采取以下措施：一是吸收民营企业家和民营企业管理人才到政府经济管理部门和团体兼职，为政府经济管理部门和团体改善人才结构，为民营企业家和民营企业管理人才开辟新的事业发展空间；二是下派政府经济管理部门和国有企业干部到民营企业锻炼，提高干部队伍素质，提高驾驭和管理民营经济的能力；三是实施企业家人才队伍建设和企业管理人才培养培训计划，并建立人才库，为民营企业素质大提高、民营经济大发展提供强有力的智力支撑和人才资源。

2004年

做大做强民营企业　促进湖北中部崛起

中部崛起，民企有责。如何行动？那就是，做大做强民营企业，促进区域经济加快发展，为湖北振兴崛起贡献力量。到2004年9月，湖北私营企业达到10.6万户，企业注册资本金总额达到1520亿元，私营企业注册资本金过亿元的达到50户。近年来，湖北民营企业不断发展长大，但是，从整体上来看，显得不大不强，发展不够。主要表现在：企业数量少，规模小，核心竞争力不强，成长速度不快，出口创汇能力较低，吸纳劳动力能力不大，对全省经济增长的贡献力低于全国平均水平。如何服务民营企业增多、做大、做强，促进民营经济加快发展、健康发展，是摆在我们面前的重大课题。

民营企业做大做强，必须贯彻落实科学发展观

第一，民营企业做大做强，应该树立科学发展意识。一是要摒弃狭隘的小农经济意识、家庭经济意识、自然经济意识，拓宽面向大产业经营、面向大市场竞争、面向新领域发展的视野；二是要改变养家自富、小富即安的人生理念，树立产业报国、大有作为的人生价值观；三是要跳出家属、亲戚、朋友的用人小圈子，树立面向市场优选人才借脑增智的用人观；四是要改变"稳步爬行"的习惯，具备冒险跨越的胆略；五是要改变满足于"既无外债，又无内债"心安理得的思想，树立既注重自我资本积累，又注重社会资本积聚加速企业发展的意识；六是要改变只会经营产品，不会经营资本的原始经营方式，学会既会经营产品，又会经营资本的本领；七是要改变习惯于作坊式生产，传统办法管理的企业管理办法，加快建立现代企业制度、实施科学管理企业的步伐。

第二，民营企业做大做强，应该树立和谐发展观念。企业是经济发展目标的实现者，也是环境资源保护和社会利益维护的责任人。科学的企业发展观应该是企业与人与社会与自然和谐发展，只顾经济发展的数量而不顾经济发展的质量，只顾企业自身利益而不顾环境和社会利益的企业不为环境和社会所接受，终究要遭淘汰。只有走科技含量高、经济效益好、资源消耗低、环境污染少、人力资源优势得到充分发挥的新型工业化发展道路，才能获得企业发展速度、效益和后劲同步增长；只有努力做到人与企业同步发展，靠资本参与分配者与靠劳动参与分配者同步发展，企业核心竞争力与产品竞争力同步发展，企业经济指标与环境保护指标同步发展，企业经济实力与社会贡献力同步发展，才是科学的健康的企业发展之路。

第三，努力做大做强，应成为大小企业共同的奋斗目标。大和强，既有绝对概念，又有相对概念，大企业要在大的基础上努力做得更大更强，努力成为全国、国际知名大企业；小企业要在小的基础上先通过努力做精做专，再向做强做大的目标迈进。

第四，民营企业做大做强，我省不乏成功范例。福星科技集团公司从一个普通的乡镇企业成长为中国优秀的上市公司，从一个单一生产型工厂发展为多领域生产经营的拥有总资产36亿元、净资产15亿元、年销售收入达23亿元、拥有中国名牌产品的湖北民营企业的排头兵，靠的是永远向上的奋斗精神和科学发展的意识和行为。凯迪公司20世纪90年代初实现了销售收入从零到千万元的起步，1993年到2000年实现了亿元的跨越，2000年到2003年实现了由1亿元到10亿元的跳跃，2003年到2004年实现了由10亿元到20亿元的腾飞，高速发展并没有让凯迪人止步，他们的新目标是为实现年销售收入百亿元目标、争创世界知名品牌而奋斗。

民营企业做大做强，必须高效营运民间资本

2003年我省个体私营、集体等非国有经济完成投资994.87亿元，比上年增长35.9%，占全社会固定投资的比重由2000年的39.7%上升到52.8%，并呈现出连年持续增长的好势头。高效利用民间资本，充分发挥资本结合力量，对于促进民营企业做大做强具有重大的杠杆作用。

一是国有大中型企业要进一步加快股份制改造步伐。进一步激发民间资本推动国有企业改革发展的活力与动力。采取有力措施，推动不同所有制企业之间、资本之间的经济联合，推动产权和生产要素按市场价值规律流动和重组。进一步放活国有资本营运方式，放大国有资本经济功能。或允许国有企业转民改制中保留部分国有股权，或支持国有资本参股投资优势民营企业，或支持国有资本与民有资本联合投资设立企业，努力开创国有企业改革和混合所有制经济发展的新局面。

二是激活民间金融资本。让民间金融资本独立式经营（支持发展民间银行）、参与式经营（吸纳民间资本入股投资国有商业银行）、集合式经营（支持民间银行跨地区集团式经营）、外联式经营（放手民资银行与外资银行联合经营），促进民间资本营运效率提高，促进资本市场发展。

民营企业做大做强，呼唤创新外部服务环境

一是需要提高行政服务效能。要逐步缩小政府直接干预的范围，扩大市场调节的范围，提升实施宏观调节的能力和效率，变政府主管部门为政府服务体系，变审批经济项目为监管经济事务，变指挥经济工作为服务经济活动。

二是需要增强社会服务功能。重视商会组织建设，通过发展商会、行业协会、同业公会等自律性组织增强对民营企业的组织与聚合、联系与沟通、桥梁与纽带、促进与助长等服务功能；通过大力发展社会中介服务组织，增强对民营企业生产、经营、管理活动的服务功能。

三是需要建设诚信制度。通过政府建立信用奖惩制度、企业建立信用等级制度、社会建立信用评价制度，构建完善的信用体系，优化诚信环境。

四是需要建设民营企业人才工程。要积极培育和壮大优秀的民营企业家队伍、优秀的民营企业管理人才队伍和优秀的民营企业员工队伍。政府要实施民营企业家队伍建设计划和民营企业管理人才培养计划，企业要实施重要岗位人才建设规划和全员素质培训提高计划，通过人力资源能力建设来促进民营企业核心竞争力提升。"湖北要有知名的品牌，就要有知名的企业，其根本是要有知名的企业家"，此话，饱含道理，也饱含期望，只有从勤奋学习、奋发向上和尊重爱护、培养教育两个方面共同努力，才更加有利于民营企业人才队伍健康成长，才更加有利于民营企业做大做强。

湖北振兴崛起，呼唤民营企业做大做强；民营企业有责任有义务为湖北振兴崛起贡献更大的力量。

2005年

湖北民营经济发展绩效分析与对策探讨

2005年以来，以下四件大事影响并推动湖北民营经济较快较好发展。一是湖北省委省政府提出的"一主三化"的方针逐步深入人心，逐步变成全省人民的共同意识与行为，逐步变成湖北经济社会发展的实际成效；二是国务院颁布了《关于鼓励支持与引导个体私营等非公有制经济发展的若干意见》，破解了民营经济发展难题；三是湖北省委省政府颁发了《关于进一步加快个体私营等非公有制经济发展的若干意见》和《关于进一步加强工商联工作的意见》，进一步优化了湖北民营经济发展政策环境和服务环境；四是《"十一五"规划纲要》的制定，为湖北民营经济进一步加快发展健康发展勾画了发展蓝图并制定了行动计划。

发展绩效评价

（一）民营经济成分的市场主体进一步加快发展

2005年，全省私营企业户数新增15278户，达到129029户，增幅13%。私营企业注册资本总额新增366.4亿元，达到2004.9亿元，增幅22%；私营企业户均资本增加11.4万元，达到155.4万元/户，增幅7%。2000—2005年度全省私营企业户数与注册资金增长状况见图1和图2。

2005年，全省个体工商户数达到101.8622万户（其中出口创汇866户），比2004年增加27338户，增幅2.8%。个体工商户注册资本金总额达到227.4亿元，比2004年增加42.8亿元，增幅23.2%。2000—2005年度全省个体工商户数变化状况见图3。

（户数）

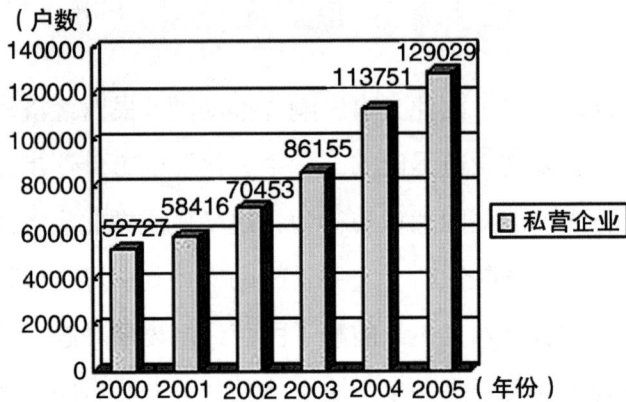

图1　2000—2005年度湖北省私营企业户数年度增长示意图

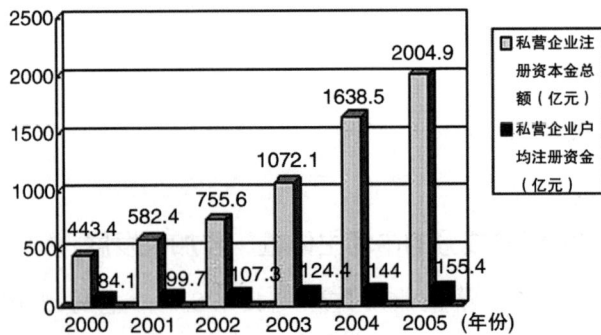

图2　2000—2005年度湖北私营企业注册资金年度增长示意图

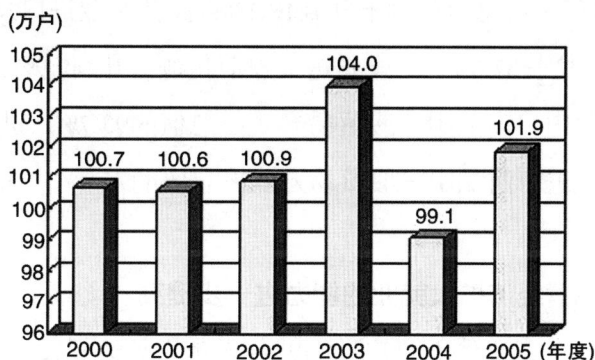

图3 2000—2005年度湖北个体工商户数年度变化示意图

2005年，全省外商投资企业累计登记在册的4284户，其中，投资额1000万美元以上的465家，3000万美元以上的89家；分布24个行业，其中：制造业2420户，农副食品加工业149户，食品加工业111户，纺织业171户，服装、鞋帽制造业234户。2005年度全省外商实际直接投资21.85亿美元，增幅5.5%；全省外商累计投资总额达到257.8亿美元。

（二）民营经济投资增幅高于国有经济投资增幅

2005年，全省各类民营经济总投资达到1739.71亿元，占全社会固定资产总投资2834.75亿元的61.3%，是国有经济投资的1.59倍。

全省私营企业完成50万元以上的投资项目投资额为343.7亿元，比上年增长57.5%；比全省平均水平增长37.2%。

私营企业投资最多的市州：武汉占比25.8%，宜昌占比10.4%，黄石占比6.63%，黄冈占比6.27%，荆州占比6.24%；投资增长最快的市州：天门增长149.8%，潜江增长144.9%，孝感增长132.4%，荆门增长104.4%。

（三）民营企业进出口总值占全省比重进一步上升

2005年，全省民营企业出口总值8.04亿美元，比2004年增长

59.3%，占全省出口总值份额上升到18.1%；民营企业进口总值4.58亿美元，比2004年增长37.6%，占全省进口总值份额上升到9.9%。

民营企业出口商品中一般贸易方式占总值的93.7%，进料加工贸易方式占4.9%；进口商品中一般贸易方式占总值的75.4%，保税仓库贸易方式占21.6%。

（四）民营经济扩大就业的能力进一步提高

2005年，全省个体工商户吸纳就业人员累计达到228.8万人；全省私营企业吸纳就业人员累计达到118.9万人，其中，投资人341694人，雇工847710人；全省个体私营吸纳就业总人数累计达到347.7万人，其中，当年个体工商户安置下岗失业人员44344人，私营企业和个体工商户共吸纳安置农民工18.1万人。

（五）民营经济促进经济结构调整的作用进一步显现

至2005年，全省国有中小企业改制面已达到92%；全省已有30家大型国有企业实行了混合所有制改革；全省已有100家国有骨干企业基本改制为民营企业；县市中小企业以民营为主体的格局形成。

（六）民营经济贡献税收增长的能力进一步增强

2005年，全省民营经济纳税总额154.5亿元，其中，私营企业纳税26.94亿元，年增长27.9%；个体工商户纳税25.69亿元，年增长5.9%；港澳台资企业纳税18.22亿元；外商投资企业纳税83.65亿元。

（七）民营经济贡献区域GDP增长的能力进一步提高

2005年，全省民营经济增加值达到2825.6亿元，比上年2428.3亿元增长16.4%；民营经济增加值占全省生产总值的比重达到43.1%；民营经济增加值年度增幅比全省生产总值年度增幅高出5.0%。各市州民营经济增加值及占GDP的比重见表1。

表1　各市州民营经济增加值及占GDP比重统计

地区	民营经济增加值（亿元）	比重（%）	地区	民营经济增加值（亿元）	比重（%）
全省	2825.6	43.1	荆州市	154.9	39.4
武汉市	787.9	35.2	黄冈市	173.9	49.9
黄　石	200.4	58.4	咸宁市	97.2	47.7
十堰市	114.6	37.4	随州市	73.2	37.9
宜昌市	328.4	54.0	恩施州	54.9	31.6
襄樊市	208.1	36.4	仙桃市	89.6	62.2
鄂州市	85.4	58.1	天门市	74.5	69.9
荆门市	131.8	42.5	潜江市	73.9	67.9
孝感市	175.2	48.7	神龙架	1.7	32.0

资料来源：湖北省统计局

（八）民营经济已经成为县域经济发展的主动力

2005年，全省县市企业改制面达到98%；全省县域民营经济增加值达到1844.92亿元，年增长14.1%，占县域GDP的比重达到54.4%。

发展特征分析

（一）民间投资热情高涨，利用外资同比增长

2006年上半年，全省民间投资完成521.6亿元，同比增长49.1%；高于全省投资增幅6.3%；在全社会固定资产投资1507.3亿元中占比34.6%；在全省城镇以上固定资产投资中占比37.8%，比去年同期提高1.6%。全省范围内，外商及港澳台投资增长38.3%，占比8.6%，其中武汉市1—5月完成投资10.7亿美元，增长46%，占全省比重80%。

（二）一批民营企业发展壮大，跻身全国民营企业500强

2005年度，全国工商联组织的上规模民营企业调研结果，湖北有10家上榜。九州通集团有限公司排列第33位，湖北联谊实业集团有限公司排列第146位，湖北华明集团排列第148位，湖北福星科技股份有限公司排列第189位，十堰荣华东风汽车专营有限公司排列第216位，湖北楚源精细化工集团股份有限公司排列第237位，武汉凯迪电力股份有限公司排列第335位，百步亭集团有限公司排列第349位，湖北洋丰股份有限公司排列第395位，国药控股湖北新龙有限公司排列第479位。

（三）一批民营企业引领产业发展，成为湖北经济增长的排头兵

湖北省工商联、湖北省总商会、湖北日报共同推选出"2005年度湖北具有带动力民营龙头企业"25家：武汉力诺化学集团、湖北福星科技集团、湖北玉立砂带集团、劲牌有限公司、武汉凯迪电力股份有限公司、中国东星集团、均瑶集团乳制品公司、湖北四环生物产业发展有限公司、湖北联谊集团、金马凯旋集团、武汉银泰科技股份有限公司、大枫纸业集团、爱帝集团、湖北枝江酒业股份有限公司、九州通集团、武汉华氏集团、武汉楚天激光集团、湖北银欣集团、湖北楚源集团、红桃K集团、武汉文华集团、孝棉实业有限公司、湖北康欣科技开发有限公司、天门纺织机械有限公司、湖北回天胶业股份有限公司。

（四）一批民营企业优势发展，成为行业楷模

湖北省工商联、湖北省总商会、湖北日报共同推选出"2005年度湖北民营示范企业"四家：安居社区建设民营示范企业：百步亭集团有限公司；新农村建设民营示范企业：武汉谦森岛庄园有限公司；新能源开发民营示范企业：武汉力诺太阳能股份有限公司；农产品加工民营示范企业：湖北长友现代农业股份有限公司。

（五）一批民营企业健康成长，速度效益同步发展

湖北省工商联、湖北省总商会、湖北日报共同推选出"2005年度最佳成长型民营企业"10家：劲牌有限公司；湖北福星科技股份有限公司；百步亭集团；湖北楚源精细化工集团；九州通集团；武汉有机实业公司；武汉宏宇实业集团；东风华泰铝轮毂有限公司；大枫纸业集团；武汉卓尔企业集团。

（六）民营经济涉足领域不断拓宽，社会事业发展较快

至2005年，全省各类民办教育机构达到2018个，各类在校生66.4万人。其中独立学院31所，在校生18万人。

至2005年，全省130家民营企业参与农村水电建设，在建待建总装机容量380万千瓦；562家民营企业参与城市供水、公交、燃气行业经营；一家民营企业进入航空经营；一批民营企业参与交通运输等行业经营。

（七）民营企业响应号召，积极参与新农村建设

福星集团通过"以企带村"，带动农村经济发展，即项目到村：扶持两个村办企业30多家；骨干到村：企推村选村干部；文化到村：建图书室和剧场；福利到村：福星村所有老人和子女享受医疗保险、退休养老保险等；资金到村：累计投入农村基础设施和公益事业发展资金6000多万元。董事长谭功炎说："企业每年从利润中拿出1/30—1/40用于以企带村，带来的是农村的大变样，企业的大发展，值得！"

宇济公司通过改善农村生产生活环境，着力提高村民的生活水平和质量。公司采取全额投资或定额补助等方式，为村民兴办十件实事：兴建文体设施；翻修水泥道路；帮助村民改水；补助农户建沼气池；实施全村改厕；兴建牛栏和禾场；购进新型农机具；捐资修建福利院；补助村民医保；资助贫困学生。

百步亭集团贯彻落实武汉市政府"农村家园建设行动计划"，与东西湖区政府联手共建农村新社区——"百步亭新农村新港苑社区"。新区建成后，可让21个自然村庄的1400多户、5000多农民受益。同时推进社会保障、社会治安综合治理、社会管理、社会服务"四进家园"，努力实现城乡统筹协调发展，为建设社会主义新农村、构建社会主义和谐社会打下坚实基础。

（八）民营企业充当龙头，积极参与农业产业化经营

福娃集团扬资源优势，做鱼米文章，舞行业龙头，创知名品牌。按照"公司+基地+农户"模式，与农户签订粮食订单35万亩，网络10万农户，每年为农民增收3500万元；发展成为拥有多家食品加工企业、资产1.8亿元、员工1350人、年产值4亿元的国家级农业产业化重点龙头企业。

长友公司从提篮小卖到"中国薇菜王"，从经营小品种到发展大产业，从经营产品到营运资本。2005年实现销售收入1.5亿元，出口创汇1200万美元，跻身国家级农业产业化重点龙头企业。

（九）民营科技企业异军突起，迅速发展

全省民营科技企业6000多家，位居全国第八位。

武汉市民营科技企业4018家，科工贸总收入382亿元，利税50.7亿元；民营科技企业77%的资产和73%的技工贸总收入集中分布在光电子信息、生物医药、机电、新材料、环保等五个领域；并初步实现了产业资本与金融资本的有效对接，全市31家上市企业中约一半是民营企业，累计在境内外证券市场融资超过200亿元；民营科技企业90%的原始科研成果，80%的创业人员，80%的技术骨干直接来源于大学、科研院所。

（十）光彩事业、回归工程，为民营经济发展注入了新的活力

全省统战系统和工商联系统开展了"中国光彩事业大别山（黄冈）老区行""湖北省光彩事业（十堰丹江口）库区行"，实施"回归工程"，共协议引进资金50多亿元，吸引民营企业家来湖北投资兴业，收到事半功倍的效果。

（十一）招工扶贫，民营企业成为安置就业的主渠道

全省工商联系统通过组织万户民营企业招工扶贫安置就业，全年共安置下岗失业人员18.2万人，共吸纳农民工就业18.1万人。为缓解大中专毕业生就业难题，为转移农村剩余劳动力，为安置城镇失业待业人员作出了积极贡献。

（十二）民营企业强势发展我省不乏成功案例

福星集团从一个普通的乡镇企业成长为中国优秀的上市公司，从一个单一生产型工厂发展为多领域生产经营的拥有员工7000人、总资产36亿元、年销售收入30亿元、年纳税1.95亿元、拥有中国名牌产品的全国500强民营企业。福星集团的企业发展观："没有系列产品就没有市场覆盖率，没有精品名牌就没有市场竞争力，没有高新技术就没有企业生命力。"

劲牌集团董事长吴少勋坚持"做事业，不做家业；做船长，不做家长；做蛋糕，不分蛋糕"。使企业一年一个大变化，一年一个大发展：在由国有企业改制为民营企业后的短短六年间，上缴税收由1998年的1300万元上升到2005年的1.45亿元。

九州通集团是一家以药品批发、零售连锁为主业的大型民营企业。公司注册资金3.2亿元，拥有总资产28亿元，员工4600余人，2005年实现销售收入110亿元，名列中国民营医药商业企业第一名，位居全国民营企业500强第33位。

湖北联谊集团拥有资产总值10.6亿元，公司销售网络覆盖全国30多个省、市、自治区，凝聚客户12000多家。2005年销售收入达36亿元。通过10年发展，公司荣获全国百强钢材营销企业第八名，"中国讲诚信、守合同、重质量典范企业""中国企业最佳形象AAA级"企业，连续三年站立全国民营企业500强。

　　湖北华明集团一业（冷轧精密不锈带钢制造）为主，多业（高新技术及其产品贸易）并举，快速发展。2005年营业收入达到35亿元，年纳税6001万元，年出口800万美元，跻身全国民营企业500强。

　　十堰荣华集团集汽车销售、汽车配件生产、房地产开发、项目投资、服务业为一体，公司现有固定资产7.68亿元，流动资金2.9亿元，在职员工1258人，2005年度综合经营收入27亿元，跻身全国民营企业500强。

　　湖北楚源集团拥有11家子公司，总资产近20亿元，是一家集科、工、贸为一体的综合性化工集团公司。公司被国家认定为中国重点高新技术企业，湖北省大型重点骨干企业，跻身全国民营企业500强。

　　凯迪电力公司20世纪90年代初实现了销售收入从零到千万元的起步，1993年到2000年实现了亿元的跨越，2000年到2003年实现了由1亿元到10亿元的跳跃，2003年到2005年实现了由10亿元到20亿元的腾飞。他们的目标是"建设百亿环保企业、打造中国第一环保品牌"。跻身全国民营企业500强。

　　百步亭集团是一家集房地产开发、社区建设、物业管理、文化产业、船舶制造、酒店和医药经营为一体的大型企业集团，连续两年进入全国民营企业500强。百步亭花园是全国文明社区示范点，荣获首届"中国人居环境范例奖"。

　　湖北洋丰集团拥有资产总额12亿元，其中固定资产10亿元，员工

4000名，具有年产各类化肥210多万吨的生产能力，是全国大型磷复肥生产基地之一。2005年，年营业收入16.4亿元，纳税5093万元，跻身全国民营企业500强。

湖北新龙集团是一家集医药经营与生产、实业投资与医院服务为一体的大型民营企业，湖北首家通过国家GSP认证的大型医药物流企业。2005年，实现营业收入13.8亿元，连续两年保持全国民营企业500强地位。

红桃K集团2003年跻身全国民营企业500强。董事长谢圣明敢于实行用人制度革命，提出过三关：即"过亲属关、元老关、自我关"，为优化民营企业人才队伍，促进企业健康发展树立了典范。

发展差距比较

（一）民营增加值占GDP比重低于全国平均份额

2005年，湖北民营经济增加值2825.6亿元，在全省GDP 6484.5亿元中占比43.1%；同期全国民营经济增加值在全国GDP 18.23万亿元中占比49.7%。与全国平均水平相比湖北相差6.6%。

（二）私营企业数量低于全国平均份额

2005年，湖北私营企业12.9万户，在全国总户数431万户中占比仅为2.99%，低于全国平均份额。

（三）私营企业数量增幅低于全国平均增幅

2005年，湖北私营企业12.9万户，私营企业户数年度增长率为13.0%，比全国平均增幅18.1%低5.1%。

（四）个体工商户数量增幅低于全国平均增幅

2005年，湖北个体工商户101.9万户，年度增长率为2.8%，全国个体工商户2483万户，年度增长率为10.2%，与全国平均增幅相比湖北低8.6%。

（五）大规模民营企业数量低于全国平均份额

2005年，全国民企500强湖北只占10席，未占到平均份额。

（六）中国名牌数量低于全国平均份额

2006年度中国名牌产品评比结果，湖北13个产品荣获中国名牌，占比13/556≈2.3%，未占到平均份额。

（七）私营企业外贸出口额低于全国平均份额

2005年，湖北私营企业外贸出口额8.04亿美元，在全国私营企业外贸出口额1122.3亿美元中占比仅为0.72%，低于全国平均份额。

（八）私营企业纳税额低于全国平均份额

2005年，湖北私营企业纳税额26.9亿元，在全国私营企业纳税总额2718亿元中占比仅为0.99%，低于全国平均份额。

发展对策探讨

（一）培育企业，支持创业，促进市场主体大发展

企业是市场主体，是经济肌体的活力细胞，是经济发展的动力之源，企业量的发展和质的提高直接关系到经济总量的增加和经济质量的提高。应从发展经济和扩大就业双重目标出发，进一步优化政策措施和工作措施，催生企业，催生创业者，促进市场主体大发展。

1. 催生企业。通过放宽市场准入限制，促进企业诞生；通过建立帮扶机制，培育企业成长；通过优化政府服务行为，支持企业发展；通过建立社会化服务体系，服务企业需求。

更新企业观念：呼吁个体户也是企业，正视个体户就是企业，建

议选择适当的时候将"个体户"更名为企业。

2. 催生创业者。要转变扶持方式，变"安置就业"为"支持创业"；要加强创业训练，着力提高学生的自主创业能力和失业人员的求职谋生能力；要优化创业意识与行为：形成学生——实验创业者、教师——示范创业者、学校——培训创业者、家庭——支持创业者、团队——集合创业者、社会——服务创业者、政府——扶持创业者的良好的创业氛围。

（二）民营企业应该树立科学发展意识

1. 要摒弃狭隘的小农经济意识、家庭经济意识、自然经济意识，拓宽面向大产业经营、面向大市场竞争、面向新领域发展的视野。

2. 要改变养家自富、小富即安的人生理念，树立产业报国、大有作为的人生价值观。

3. 要跳出家属、亲戚、朋友的用人小圈子，树立面向市场优选人才、借脑增智的用人观。

4. 要改变只会经营产品，不会经营资本的原始经营方式，学会既会经营产品，又会经营资本的本领。

5. 要改变习惯于作坊式生产、传统办法管理的家族管理办法，加快建立现代企业制度、实施科学管理企业的步伐。

6. 要改变就生产论生产，就经济论经济的思维模式，树立经济与社会协调发展的观念。一方面通过履行企业责任影响社会、服务社会、回报社会，另一方面通过良好的社会信誉、社会影响力促进企业的生产经营更快更好地发展。

（三）民营企业应该注重和谐发展行为

1. 企业是社会公民，应该注重企业与人与社会和谐发展。

科学的企业发展观应该是：人与企业和谐发展；靠资本参与分配

者与靠劳动参与分配者和谐发展；企业核心竞争力与产品竞争力和谐发展；企业经济指标与环境保护指标和谐发展；企业经济实力与社会贡献力和谐发展。

2. 企业是经济目标的实现者，也应该是环境保护的责任人。

企业是环境影响者，应该使其正面影响最大化，负面影响最小化。科学的企业发展观应该是企业与环境协调发展，只顾企业自身利益，不顾环境利益的企业不为社会所接受，终究要遭淘汰。只有走科技含量高、经济效益好、资源消耗低、环境污染少、人力资源优势得到充分发挥的新型工业化发展道路，才能获得企业经济效益、竞争力、影响力同步提高，才能获得企业发展速度、效益和后劲同步增长。

（四）民营企业应该注重履行企业责任

1. 履行企业责任是提高企业竞争力的高效途径。企业竞争力既来自产品竞争力，同时也来自社会影响力。产品竞争力提升依赖的是企业生产力，社会影响力的提升通过履行企业责任获得则是高效途径。可以说，通过履行企业责任来促进企业竞争力提升是继资本价值规律、组织形式股份化规律、管理人员专业化规律、国际市场一体化规律之后出现的又一新的企业发展规律，即企业责任价值规律。企业责任价值规律作用于资本价值规律、管理价值规律和市场价值规律，丰富并发展了当今企业发展规律体系，并呈现出一种新的当代社会经济现象。

2. 企业在履行企业责任中受益并赢得持续发展。众多的企业开始或已经认识到：企业责任价值既有付出价值，更有收益价值。通过履行企业责任，有利于和谐企业的逐利活动与社会相关人利益与社会整体利益间的关系；有利于企业和谐与当地政府、所在社区的唇齿关系；有利于企业和谐团队，改善人力资源管理；有利于提升企业品牌形象和产品品牌形象；有利于企业获得优质经济社会资源；有利于企业开辟与发展新的经营生产领域；有利于企业赢得客户，赢得社会公信，赢得企业持续竞争力；有利于企业赢得经济社会双重利益，赢得企业的持续发展能力；总之，履行企业责任，是全面提升企业竞争力和社会影响力的高效途径。

（五）拓宽经济联合发展道路，壮大企业竞争发展实力

面对资源配置国际化、产品生产国际化、国际市场一体化的新经济现象，面对经济全球竞争的发展态势，民营企业应该注重调整经营理念和竞争策略，拓宽经济联合发展道路，壮大竞争发展实力。

1. 选择经济联合发展道路应该注重处理好四个关系。要正确处理资本积累与资本集中的关系、正确处理在竞争合作中充当主角与充当配角的关系、正确处理个体竞争与团队竞争的关系、正确处理引进来与走出去的关系。

2. 选择经济联合发展应该注重发挥资本结合的力量。推动不同所有制企业之间、资本之间的经济联合；推动产权和生产要素按市场价值规律流动和重组；推动资本间接合、资源间整合、企业间联盟、专业化生产、社会化协作；推动市场经济高效率发展。

（六）拓宽产业联系发展道路，激发区域经济发展活力

从政府层面来看，在实施经济调节、规划产业发展、引导民营经济发展时继续突出两个重点：引导工业产业之间联系发展；引导工业、农业、服务业联系发展。

1. 引导工业产业之间联系发展。围绕大产品引导发展大产业；围绕主导产业引导发展相关产业；围绕主导产品引导发展延伸产品。通过支持做大做强主导企业带动上下游配套企业发展，通过引导发展上下游企业促进主导企业做大做强，通过企业做大做强促进产业壮大发

展，走出一条产品联系发展、企业联系发展、产业联系发展的经济发展之路，是加快区域经济发展的有效途径。

2. 引导工业农业服务业联系发展。围绕农副产品的规模生产、系列加工、产品变形、集约化经营、价值增值下功夫、求实效。结合本地特色资源的种植、养殖和加工，在"一村一品""一乡一品"成功发展的基础上，逐步实现"一县一品"，努力把农副小产品，做成国内、国际市场畅销的大商品。

（七）发挥比较优势，增强区域经济发展动力

1. 湖北三大优势：一是区位优势：湖北地处中部，九省通衢，历史上第二大商埠；二是国企优势：产业链发展龙头，产业技术支撑，改革发展潜力；三是人力资源优势：85所高校，101万高校生，1158家科研机构，19.3万科研人才。

2. 目标任务：把三大比较优势转化为经济发展优势。通过发挥区位优势，发挥"战略支点"作用，积极推动建立中部六省经济合作发展机制，推动区域经济合作，资源共享、优势互补、共赢发展；通过发挥国企优势，推动产品延伸发展、企业合作发展、产业联系发展；通过发挥科教优势，加大科技与教育相结合、科教与经济相结合的工作力度，充分发挥科教促进经济发展的杠杆作用，着力把人力资源优势变成经济发展绩效。

（原载于《省情调查与分析》2006年第16期）

积极应对金融危机　促进民营经济健康发展

当前，世界金融经济危机扩散蔓延，冲击我国，影响湖北。经济发展的内外部环境面临前所未有的挑战。一是世界经济增长减慢，外需收缩，我国产品出口下滑；二是企业投资意愿下降，投资后劲不足；三是消费受到收入预期下降因数制约而低迷；四是就业需求压力增大；五是国内省内经济增速减缓。

分析形势，清醒认识面临的挑战

2008年，是国际国内经济发展跌宕起伏、危机凸显之年。

从国际方面来看：由于美国次贷危机引发了房地产市场和资本市场动荡、美元贬值、油价大起大落、粮价上涨、全球贸易下滑、全球性通货膨胀、全球经济增长放缓等为表现特征的世界经济金融危机。

美国次贷危机形成过程：①低的贷款门槛和低的贷款利率，灵活的按揭付款方式和便利的购房手续，激发了美国人的购房热情；导致购房与房贷市场空前火爆，向低信用居民放贷竞争加剧。②美联储两年（2004年6月30日—2006年6月29日）内17次加息，利率从1.25%升至5.25%，高利率导致次级房贷还款利率居高不下，拖欠债务比率上升，高利率带来高风险。③房地产景气指数明显下降，贷款违约不断增多，多家次级市场放款机构身陷坏账危机，到2007年夏天，次级抵押贷款坏账率同比上升93%。④2007年4月，美国最大的次级抵押贷款公司——新世纪金融申请破产，美国住房抵押贷款银行家协会公布的报告显示，次级放贷市场出现危机。

美国次贷危机放大过程：①投资银行向房贷机构提供融资（房贷机构向投资银行出售资产抵押债券），造成投资亏损。②保险公司、对冲基金等金融机构向投资银行提供资金（投资银行向保险公司、对冲基金等金融机构出售债务抵押债券），造成投资亏损。

美国次贷危机对市场的影响：①影响股票市场：由于美国次贷危机，投资者担心信贷问题演变成整体经济市场危机，纷纷出售股票变现，导致美国股市及世界各国股市遭受重创。②影响原油市场：由于美国次贷危机，使一路高涨的油价大幅下跌。③影响期货市场：在全球股市和商品期市惨跌的大背景影响下，国内上海期货交易所以铜、铝为首的工业品期货，大商所和郑商所的农产品期货，盘中均大幅下挫，沪铜和锌期货8月17日大部分跌停。④影响房地产市场：美国房地产经纪人协会15日公布的调查显示，第二季度美国单户住宅中间价为22.38万美元，比上年同期下跌1.5%，市场库存房屋达到8个月的库存量，新房建筑商蒙受巨额损失。⑤影响金融及其衍生产品：致使一大批金融机构亏损、破产。

从国内方面来看：中国经济增长的外部环境面临前所未有的挑战。今年前三季度我国经济增长9.9%，增速同比回落2.3%，第三季度回落到9%，增速面临进一步下滑。当前，我国面临的国际经济环境严峻，一是世界经济增长减慢，外需收缩，我国产品出口下滑；二是企业投资意愿下降，投资后劲不足；三是消费受到收入预期下降因素制约而低迷。根据国内外经济形势的新变化，党中央、国务院准确把握宏观调控的方向、重点和节奏，及时将宏观调控的首要任务从年初的"防经济过热、防明显通胀"调整为年中的"保持经济平稳较快增长、控制物价过快上涨"，最近将财政政策从"稳健"调整为"积极"，将货币政策从"从紧"调整为"适度宽松"，提出扩大内需10大措施，出台2010年底以前匡算投资4万亿元，近期投资4000亿元的经济发展促进计划，目的在于有效扩大投资，积极拉动消费，增强经济发展后劲；目的在于扩大内需弥补外需不足，促进经济平稳较快增长。

从湖北本省来看：全省前三季度GDP为7913亿元，增长14.2%，10月份开始下滑。湖北工业经济运行特点是"三升、一落、一缓"。三升：工业产销衔接水平上升，工业产品技术含量提升，民营企业对全省工业增长的贡献上升（10月份，全省民营企业实现总产值现价500.73亿元，同比增长23.4%，对全省工业的贡献率为78.7%）；一落：工业增幅较大回落（10月份，全省工业增加值增幅同比回落11.7%）；一缓：大中型工业企业生产增速放缓（10月份，全省大中型工业实现工业产值585.9亿元，同比仅增长6.5%）。2008年1—10月，民营企业出口总值为25.2061亿美元，同比增长64.7%，民营企业进口总值为6.2239亿美元，同比增长27.9%。到2008年10月底，全省私营企业达到19.94万户，比2007年底增加2.9万户；注册资本金达到3531.7亿元，比去年底增加487.3亿元。个体工商户数达到117.4万户，比去年底增加6.3万户；注册资本金达到332.3亿元，比去年底增加41.8亿元。全省个体户和私营企业共吸纳就业总人数达到450.9万人，比去年底增加37.4万人，增长9.1%。2008年1—10月，全省私营企业纳税总额达到56.3368亿元，其中国税收入29.2754亿元，同比增长36.9%，地税收入27.0614亿元，同比增长37.4%。由此看来，全省民营经济发展的基本面是好的。

权衡利弊，坚定经济发展信心

（一）中国与国际经济特点分析与比较

1. 消费观念不同。美国等西方国家从国家到个人借贷消费观念较强，中国人及家庭储蓄防患意识较强。以湖北为例：到2008年10月末，全省金融机构存款余额13240.52亿元，贷款余额8764.76亿元，存贷差4475.76亿元，储蓄存款本地利用率为66.19％。

2. 投资观念不同。美国等西方国家的投资人风险投资占比较高，中国投资人风险投资占比相对较低，投资风险相对较小。

3. 经济国际化程度不同。美国等西方国家的经济国际化程度比较高，中国经济国际化程度相对较低，受国际经济危机冲击相对较小。

4. 国家宏观经济调控能力不同。中国国家宏观经济调控能力和应对经济危机的能力与西方发达国家相比，反应更快，措施更得力，收效更明显，国家防范经济危机的能力更强。

5. 金融市场发育程度不同。种类繁多、眼花缭乱的金融衍生产品及其管理失控的交易行为对源于美国的经济金融危机起到了推波助澜的作用，而我国金融市场规模及其活跃程度相对较低，危机风险也较小。

6. 经济市场结构虚实度有所不同。泡沫经济某种程度上是一种"富贵病"，与西方发达国家相比，中国以实体经济成分为主，虚拟经济成分较低，引发泡沫经济危机的概率和程度相对较小。

7. 出口消费产品结构不同。中国生产消费出口的大部分是中低档产品，是生产生活消费的必需品，有性价比竞争优势，在消费者收入下降、手头拮据的情况下有一定的市场竞争优势。

8. 内需市场潜力不同。中国巨大的农村消费市场、在小康大道上前进的中国农民的购买力不断增强，中央新出台了推进农村改革发展的决定，国家推进农业现代化的一系列政策举措和工作举措，一揽子基本建设计划都将带动涉农工农业产品生产，促进商品消费，促进工农业经济增长。

9. 城乡差别不同。城乡差别过大，是一大问题与难题，但是缩小差别的动力会激励人们加倍努力，加快发展，增强人们的经济发展积极性和创业热情，有利于促进经济增长。

据此分析，中国不可能发生美国式的较大的经济危机。

（二）湖北与沿海经济特点分析与比较

①地域成本优势有利于承接沿海产业向湖北转移。②中部崛起战略及其战略支点效应有利于湖北发展。③武汉城市圈的建设，新型城市群的兴起带来了改革促进经济社会发展的新模式、新动力。

沉着应对，优化企业发展策略

湖北民营企业应对经济金融危机的企业发展策略举例：

1. 福星集团。提出了"把握宏观，谨慎投资，积极应对，稳健发展"的十六字方针。在具体措施上：一是募集资金，通过资本市场，成功增发1.8亿股（A股），募集资金12亿多元，保证了上市公司正常经营需要。二是有保有控，对经营形势好，市场俏销的金属丝绳制品，加大投入，技改扩能，先后投入资金4亿多元，新增了3万吨钢帘线和5万吨PC钢绞线生产线，并对传统钢丝绳全面进行"连续化、自动化、高速化、大盘重化"的改造，生产能力由去年的25万吨提高到35万吨。对房地产业，坚持旧城改造和城中发展战略，坚持不拿高价地，适度控制开发节奏，减轻了宏观调控对房地产市场带来的影响。三是调整产品结构，对生物、药业等其他产业，狠抓新产品开发和产品结构调整，一批"三高两强"（科技含量高、附加值高、市场占有率高；生命力强、竞争力强）的产品已逐步形成产业优势，呈现出广阔的发展前景。四是积极推进大股东资产重组，促进形成特大型企业。到6月底，已完成销售收入33亿元，占年计划52.3%，比去年同期增长21.6%；完成利税5.2亿元，占年计划49.5%，比去年同期增长17.6%。特别是金属制品业，半年完成了全年7800万元的净利润目标，出口创汇完成2700万美元，分别比去年同期增长101%和55.5%。集团所属其他公司，都超额完成了半年经营目标。

2. 百步亭集团。积极进行产业战略调整，制定了"一主多元"的发展战略，对产业进行合理布局，制定了近期、中期、远期的产业战略发展规划，向船舶产业和文化产业进军，一是从"商品房"建设调整为"经济适用房"建设。二是进入船舶产业，从船舶出口贸易发展到船舶制造，建设了辽宁宏冠船业、山东百步亭船业两家船厂，到2008年，两家船厂造船能力已达到60万载重吨，总产值达48亿元，船舶出口额达2亿美元。三是进军文化产业，与中央电视台新闻电影制片厂联手投资建设了中央电视台《CCTV老故事》频道，已达1000万用户；与湖北省广播电视总台联合投资建设了户外公共电视《城市电视》频道，目前已在武汉三镇以及"1+8"城市圈布装液晶电视屏幕5000多个，覆盖了全市重要的公共场所，拍摄了220多部（集）电影和电视剧，电影《江城夏日》获59届戛纳国际电影节最佳影片大奖。

3. 楚天激光集团。今年以来，由于国际金融危机，楚天激光的生产经营遇到了一定的困难。主要表现在：订单减少或延迟交易，贷款回收周期长、难度大，加上前期人工、原材料涨价等因素，导致企业面临的竞争环境更加严峻，流动资金趋紧，盈利能力有所下降，企业整体发展速度比上年度减慢。今年1—10月，与上年度相比，公司原材料上涨8％，人员工资成本上涨10％，融资成本上涨20％，利润下降了20％，营业额减少了10％。公司销售额2007年完成2.2亿元，预计今年完成2亿元，减少10％。应对措施：（1）缩减投资，控制新项目上马；（2）苦练内功，加强企业内部管理；（3）加强内部培训，加强销售队伍的建设与管理；（4）把售后服务做得更好；（5）把现有产品做精做好，巩固现有市场；（6）加强技术创新，开拓新的产品应用领域，寻找新的增长点，重点发展优势产品：大功率激光切割机、激光医疗产品；（7）通过国际合作的激光切割机项目、医疗激光项目不受金融危机的影响，继续保持强劲增长。对政府提出的建议与要求：（1）请求政府对畅销的高科技产品生产给予过渡性的财政借贷支持，以帮助企业解决面临的实际金融问题；（2）政府着力拉动内需，促进高科技产品的本地化配套；（3）加大支持企业自主创新，特别是产品创新的力度。

4. 武汉智能电梯有限公司。武汉"高新技术企业"，开发生产的智能电梯被国家科学技术部、国家税务总局、国家对外贸易经济合作部、国家质量技术监督局和国家环境保护总局五部委联合认定为"国家重点新产品"。人与电梯可对话。企业认为，应对国际经济危机应该未雨绸缪、防患未然，通过调整产业结构、提高产品技术含量、做好产品质量，创造自主品牌，增强产品的市场竞争力才是最佳策略。该企业接连开发出智能电梯、磁悬浮电梯和节能环保电梯等系列高新技术产品，促进了企业的生产经营管理，增添了企业发展的速度效益后劲。

5. 湖北恒隆集团。集团下属的中国汽车系统股份公司于2004年8月在美国纳斯达克上市，是中国汽车动力转向系统及零部件制造领域中处于领导地位的供货商。2008年，恒隆集团克服了上半年原材料价格上涨，雪灾、地震等自然灾害及当前金融危机给实体经济发展所带来的不利影响，产品继向一汽大众批量供货后，又相继成为东风雪铁龙、东风标志批量供货的供应商，为下一步产品出口欧洲市场奠定了基础，预计全年市场销售仍然将保持15%—20%的年增长速度。

加强服务，进一步优化企业发展环境

面对当前形势，结合湖北实际，围绕贯彻实施好省委省政府《关于加大投资扩大内需保持经济持续较快发展的若干意见》，促进湖北民营经济健康发展提出八条建议：

1. 成立民营经济服务协调小组。协调小组成员单位主要职责：贯彻落实省委省政府发展民营经济的政策措施和规划；帮助解决民营经济在发展过程中遇到的困难和问题；建立民营经济发展跟踪及数据统计系统，面对民营经济发展收集情况、统计资料、提供信息；做好"上情下达，下情上达"等联络工作；协调有关部门做好为民营企业服务工作，为省委省政府制定发展民营经济的政策措施和工作措施提出意见和建议。

2. 强化生产力促进职能，促进企业发展。通过进一步强化政府经济管理和服务部门的经济分析，企业诊断、企业评价、企业帮扶、贷款担保、协调沟通等职能，服务与促进民营企业加快成长、健康发展。

3. 进一步优化发展环境。通过优化市场环境，催生企业和产业，聚集资本和人才，推动技术创新与发展，促进经济资源的高效配置与利用；通过优化行政服务环境，变优惠政策为优质服务，变政府主管机制为服务体系，变审批经济项目为监管经济事务，变指挥经济工作

为服务经济活动，"用硬措施改善软环境"；通过优化社会服务环境，规范发展商会、协会等自律性组织，增强对民营企业的组织与聚合、联系与沟通、桥梁与纽带、促进与助长等服务功能。

4. 把湖北的三大资源优势转化为经济发展优势。一是发挥区位优势：湖北地处中部，九省通衢，武汉是历史上第二大商埠，应加快建立完善"四基地一枢纽"的步伐；二是发挥国企优势：进一步发挥国企产业链发展龙头，产业技术支撑，改革发展潜力的优势，推动国企、民企、外企、混合所有制企业之间产品延伸发展、企业合作发展、产业联系发展；三是发挥人力资源优势：着力引导109万高校生和1378家科研院所中19.3万科教人才成为既具有教学科研能力又具有经济发展能力的多功能人才。

5. 科学规划建设城镇，引导促进农村人口就近向城镇和中小城市转移。当前，农村人口以流动人口的形式过渡向大城市集中，带来诸多城市病，且农民定居大城市成本太高，农民身份向居民身份转变难度较大。在推进人口城市化进程中，应合理引导农村人口城市化流向，改变农村人口过度流向大城市的现象。建议把推进社会主义新农村建设与新城镇建设有机结合起来，通过大力建设发展中小城市和城镇，引导具有二、三产业从业能力的农民彻底离乡移居定居中小城市和城镇，为农村务农农民留下广阔的生产生活空间。着力规划建设好资源开发转化型、旅游服务型等以产业为依托的新型中小城市和城镇，例如咸宁的嘉鱼、恩施的利川、十堰的丹江口等县级城市及其有关乡镇。

6. 科学利用土地，向非耕地要建设用地。湖北耕地资源紧缺，但是非耕地资源丰富，特别是武汉周边山区，山不高且多为土质山坡。应开启一个新思路：向非耕地要建设用地，把工厂建到非耕地上，让开发区（工业新城或工业小区）走进"深山"，把武汉的开发区建设到孝感、黄冈、咸宁等农村山区，成为城市管辖的一个域外组团，用一小时车程的高速通道与母体城市连接起来，让时间效率弥补城乡间隔，让高速通道缩短城乡距离，让优美环境模糊城乡界限。

7. 大力发展资本市场。近年来，湖北物流市场、劳动力市场发展较快，但是资本市场发展不够，制约经济活动高效率运行，应进一步强化措施，拓宽小额贷款公司试点范围，积极发展民资银行，大力引进外资银行，推动组建混合资本银行。

8. 扩大内需促进计划中国家投入资金应该大力支持民营经济发展。应对金融危机，国家和湖北省分别出台4万亿元和1.5万亿元扩大内需促进计划，这笔资金的投向除了重点支持建设基础设施外，建议以国有股本入股或控股方式支持优势民营企业发展，以发展混合所有制经济方式推动国有资本高效率营运。

2008年11月12日

思想解放是民营经济发展的先导

（一）

改革开放以来，湖北民营经济从无到有，不断发展壮大，呈现出较强活力与较快增速，日益成为经济增长、活跃市场、促进城乡就业、增加财政收入、富裕人民生活、促进社会和谐的重要推动力量。

数据显示，2007年全省民营经济实现增加值3870亿元，同比增长14.5%，占地区生产总值接近一半；百家民营排头兵企业实现增加值176.76亿元，同比增长35.07%；到2006年底，私营企业户数年度增长率、私营企业投资人数年度增长率、私营企业税收年度增长率三项主要指标增速均超出全国平均水平。

但是，湖北民营经济与沿海发达地区相比差距还很大，2007年全省民营经济增加值不到广东省的1/3，民营企业数量、进出口总额甚至低于全国平均水平。湖北民营经济迫切需要实现突破性发展。

民营经济要发展，解放思想是关键。民营经济突破性发展的历程，就是不断解放思想的历程。1979年至1987年，随着农村联产承包责任制的推行，个体经营者开始出现，民营经济开始萌芽。

1988年到1996年，小平同志的南方谈话掀起了思想大解放的浪潮，摆脱了姓"社"姓"资"的束缚，民营经济获得迅猛发展。党的十五大冲破姓"公"姓"私"的桎梏，提出"公有制实现形式可以而且应当多样化"，把"以公有制为主体、多种所有制经济共同发展"明确为我国社会主义初级阶段的基本经济制度，民营经济进入第一次突破性发展期。从2000年以来，随着思想的进一步解放，民营经济法律地位和政治地位得到确立和进一步提高，民营经济赢得更为宽松的发展环境，民营经济发展稳定向好，成为国民经济的重要组成部分。

（二）

充分认识发展民营经济的重大意义是思想解放的重要内容。发展民营经济是中国特色社会主义道路的重要特征。从发展趋势看，经济社会发展的内在要求需要公有制的实现形式更加多样化，比如，发展多种经济成分的股份制经济，混合所有制经济等；需要民营经济更好更快地发展；需要多种所有制经济互相促进，共同发展。

发展民营经济有利于调整和优化所有制结构。所有制是整个社会经济制度的基础和核心。所有制结构的变化是改革开放以来我国经济体制向市场经济演进的根本制度原因。所有制结构差异也是东、中、西部地区社会经济发展存在差距的重要原因。民营经济产权明晰、自主经营的特性与市场经济的要求完全相容，是市场经济的天然伴侣。以市场为导向，培育适合当前生产力发展水平的新经济主体，强调各种所有制性质的市场主体在平等竞争中各展所长、共同发展，对于提高经济市场化程度和加快市场体系发育具有重要意义。

发展民营经济是调动和发挥人民群众创业热情的重大举措。民营经济是民众的自主经济，是老百姓自主创造财富的活动。大力发展民营经济，使更多的自然人变成创业的主体，在创造财富中获得财富，在创造价值中实现价值，一切生产要素的活力竞相迸发，一切创造财富的源泉充分涌流，人民群众就必然会富裕起来。

（三）

当前民营经济正面临难得的发展机遇："两个平等"为民营经济拓宽了发展空间。十七大报告在"完善基本经济制度，健全现代市场体系"部分指出，"坚持和完善公有制为主体、多种所有制经济共同发展的基本经济制度，毫不动摇地巩固和发展公有制经济，毫不动摇地鼓励、支持、引导非公有制经济发展，坚持平等保护物权，形成各种所有制经济平等竞争、相互促进新格局"。这里的"两个平等"，一个是法律上的"平等"保护，另一个是经济上的"平等"竞争。"两个平等"是十七大报告有关所有制理论论述的亮点，是非公有制经济理论的又一次飞跃，为民营经济的发展创造了更加广阔的空间。

自主创新为民营经济带来了财税支持。十七大报告在"提高自主创新能力，建设创新型国家"部分指出，"要加快建立以企业为主体、市场为导向、产学研相结合的技术创新体系，引导和支持创新要素向企业集聚"。这就意味着在实施以企业为主的创新战略之后，企业将获得更多的财税支持。

金融体制改革为民营经济带来了金融支持。十七大报告提出了"推进金融体制改革，发展各类金融市场，形成多种所有制和多种经营形式、结构合理、功能完善、高效安全的现代金融体系"。金融体制改革，一方面为民营经济进军金融行业开辟了道路，扩大了民营经济的盈利空间；另一方面也必将提高民营企业，特别是中小企业的融资能力，进而促进民营经济的发展。

（四）

抓住机遇，以思想大解放实现湖北民营经济突破性发展，核心在于深入贯彻科学发展观，破除障碍、转变观念、不断形成新认识、开辟新境界、打开新局面。

营造民营经济"敢争先，勇创新"的氛围。破除内陆意识，努力打造"三地效应"，即敢为人先，大胆创新，构建民营经济发展的高地；要加强配套合作，为民营企业发展提供适合适宜发展的气候和土壤，构建民营经济发展的湿地；要大胆参与竞争，在政策上敢于创新、突破，营造良好的经营环境，让资金、技术、人才自然流入，构建民营经济发展的洼地。

视民营经济"是动力、是方向"，做到思想上理解，感情上接受，体制上认可。贯彻落实十七大提出的"两个毫不动摇"方针，要消除歧视、排斥和自足的消极心理，实现由认为"民企是非公的、个人的"心理，向认为"民企是民本经济、百姓经济，不支持民营经济，地区经济发展不了，人民群众富裕不了"的观念转变；实现由认为"民企是小企业、小店铺、小作坊、低人一等"的心理向"会挣钱是本事"的观念转变，实现由认为"有钱够花、小富即安"的心理向"干大事业、求大发展"的观念转变。

对民营经济"彻底放、放彻底"，做到凡是政策明确的要坚决执行，凡是实践可行的要坚决坚持，凡是外地能做的要坚决效仿，凡是法规政策没有禁止的要坚决进入。重点是做到"四放"，鼓励全民创业：一是放开创业领域，在准入条件上，按照"非禁即入"的原则，除国家明确限制的行业外，所有领域应对民间资本开放，二是放低创业门槛，对凡是有创业意愿的集体和个人，尽量减少各类限制，允许申办"一人公司"，允许以非货币形式出资，三是放宽创业条件，鼓励支持各类经营管理人才、科技人才、大中专毕业生、复员转业军人，下岗失业人员、农民工自主创业，外出务工经商人员返乡创业，激发全民创业的热情，营造全民创业的氛围，四是放活创业方式，坚持和完善按劳分配为主体、多种分配方式并存的分配制度，允许创业主体按劳动、资源、技术、管理等生产要素参与分配，鼓励各类人员向企业出资、出技术及管理入股，按贡献参与分配。

对民营经济"多扶持、多保护"，做到服务到位无盲区，政策落实无折扣，环境宽松无干扰。一是充分利用信用杠杆，打通银企融资瓶颈，加快建立银行、企业、社会、政府信用制度建设，二是进一步加大信息公开力度，通过各种形式，及时向社会公布政府在经济社会发展规划、建设工程、土地批租、国有（集体）企业改制、政府采购等方面的重要政策和经济信息；三是要按照多服务少干预，多办事少收费，多开绿灯少亮红灯的要求，积极创造优质高效的服务环境。

（原载于《湖北日报》2008年3月14日）

湖北民营经济在改革开放中蓬勃发展

自1978年以来，湖北民营经济从无到有，经历了萌芽发展阶段、突破性发展阶段、规模发展阶段、嫁接发展阶段和"一主三化"发展阶段，发展活力与动力不断增强，成为发展经济、扩大就业、繁荣市场的重要推动力量。

一、改革开放推动湖北民营经济较好较快发展

30年来，得益于改革开放，得益于党的好政策，得益于省委省政府的正确领导，得益于全民积极创业，湖北民营经济得到较好较快发展。

其绩效：一是民营经济成分的市场主体快速发展，到2008年6月底，全省私营企业达到19.1万户，私营企业投资人数达到46.3万人，注册资本金达到3349.1亿元，个体工商户数达到112.8万户，注册资本金达到390.5亿元。二是民营经济成为扩大就业的主渠道，到2008年6月底，全省个体户和私营企业共吸纳就业总人数达到388.3万人。三是民营经济促进经济结构调整的作用充分显现，到2007年底，全省国有中小企业改制面已达到95%，县域中小企业以民营为主体的格局形成，已经成为促进县域经济发展的主动力。四是民营经济贡献区域经济增长的

能力逐年提高，到2007年底，全省民营经济增加值达到4154.6亿元，占GDP的比重进一步上升到46.2%。五是民营经济贡献税收增长的能力逐步增强，到2007年底，包括私营企业、个体工商户、港澳台资企业和外商投资企业在内的全省民营经济纳税总额达到283.9亿元，占地方一般预算收入的比重达到48.1%。

其表现：一是民营企业健康发展逐步做大做强，2007年，我省有九州通集团等12家企业跻身全国民营企业500强。二是一批民营企业引领行业发展，成为产业发展排头兵，2007年，涌现出福星集团等28家企业成为湖北具有带动力民营龙头企业。三是民营经济发展趋势喜人，到2007年底，全省私营企业户数、私营企业注册资本金、私营企业税收三大指标年度增长幅度超过全国平均水平（湖北/全国分别为13.1%/11.3%、28%/25%、42.4%/36%）。

其变化：一是湖北民营企业之间、产业之间经济合作性加强，一批企业家改变了过去"单打独斗"的单一竞争思维，增添了竞争合作、加快发展的意识与行为，相互投资参股，用优势资本投资优势发展项目，提高了资本利用效率和经济发展效益。二是企业自主创新能力和品牌创造能力提高，如楚天激光公司已拥有专利120多项。三是企业集团化发展趋势显现，一批企业如福星集团、百步亭集团、劲牌有限公司等由一业经营发展成为多元化经营的集团公司。四是企业既注重营运产品又注重营运资本，加快了企业发展步伐。这四大可喜变化，有利于促进湖北民营企业做大做强、加快发展，有利于增强区域经济发展的活力与动力，成为促进湖北经济快速健康发展的重要推动力量。

二、聚合发展动力促进湖北民营经济又好又快发展

当前，党的十七大和湖北省第九次党代会着眼于发展中国特色社会主义，着眼于构建促进中部崛起的重要战略支点，为民营经济发展营造了良好环境并制定了发展方针，应因势利导，充分利用八大动力，大力推动湖北民营经济又好又快地发展。一是坚持湖北省委省政府提出的"一主三化"的发展方针，让其进一步深入人心，进一步变成全省人民的共同意识与行为，进一步变成湖北经济社会发展的新成就；二是坚持贯彻落实国发〔2005〕3号文件并制定配套政策，破解民营经济发展难题；三是坚持贯彻落实鄂发〔2005〕15号和16号文件，进一步优化湖北民营经济发展政策环境和服务环境；四是坚持贯彻实施"十一五"规划纲要，把宏伟蓝图变成切实可行的行动计划；五是构建社会主义和谐社会、建设社会主义新农村为民营经济带来了新的发展机遇；六是国务院批复武汉城市圈综合配套改革总体方案，吹响了深化改革、加快建设、科学发展的号角；七是按照湖北省第九次党代会提出的要求，"进一步消除影响民营经济发展的体制性障碍"，"加强对民营企业的引导、支持和帮助"，"促进民营经济快速健康发展"；八是坚持"两个毫不动摇"的经济发展方针，贯彻落实好科学发展观，坚持把加快转变经济发展方式、完善社会主义市场经济体制作为关系经济社会发展全局的重大战略加以推进，坚持推进公平准入、改善融资条件、促进个体私营经济和中小企业健康发展。通过不断优化发展环境，为推动民营经济又好又快发展增添强劲动力。

三、创新举措大力推进湖北民营经济更好更快发展

举措之一：培育企业，支持创业，促进市场主体大发展。通过进一步放宽市场准入限制，促进企业诞生；通过建立帮扶机制，培育企业成长；通过优化政府服务行为，支持企业发展；通过建立社会化服务体系，服务企业需求。变安置就业为支持创业。通过加强创业训练，着力提高学生的自主创业能力和失业待业人员的求职谋生能力；通过加强创业引导，优化创业意识与行为：营造学生——实验创业者、教师——示范创业者、学校——培训创业者、家庭——支持创业者、团队——集合创业者、社会——服务创业者、政府——扶持创业者的良好的创业氛围。

举措之二：强化生产力促进职能，促进企业发展。通过进一步强化政府经济管理和服务部门的经济分析，企业诊断、企业评价、企业帮扶、贷款担保、协调沟通等职能，服务与促进民营企业加快成长、健康发展。

举措之三：建立企业辅导机制，帮助企业排忧解难。集合有关政府职能部门工作人员、有关经济专家、工程技术专家、企业管理专家、优秀企业家、优秀技能工人等方面的人员组成企业辅导专家委员会，应企业需求为改善企业生产、经营、管理、发展以及技术创新、产品创新等方面的问题提出咨询意见和建议，供企业决策参考。

举措之四：充分利用信用杠杆，打通银企融资瓶颈。贷款难和难贷款是多年制约与困扰湖北民营企业和银行的瓶颈问题。据湖北省统计局公布资料，到2008年8月末，全省金融机构存款余额12925.10亿元，贷款余额8589.53亿元，存贷差4335.57亿元，金融资本本地利用率

只有66.4%。应加快步伐建立健全信用体系和信用服务体系,利用信用杠杆打通融资瓶颈。促进建立银行信用制度,提供信用产品和信用贷款;促进建立企业信用制度,提供信用记录和信用报告;促进建立社会信用制度,引导信用消费与信用合作;积极建立政府信用制度,开展信用评价,优化信用环境。

举措之五:发展外向型经济。引导民营企业既注重"引进来",又注重"走出去",既注重引进资金、技术、人才、管理,又注重结交国内外经济伙伴,利用国内外经济资源,把产品卖到全国全球去,把企业办到省外国外去,努力探索国际化营销、国际化生产、国际化资源配置的产业发展道路。

举措之六:深入贯彻落实十七大精神,引导民营企业树立科学发展观。科学的企业发展观应该是:人与企业和谐发展;靠劳动参与分配者与靠资本参与分配者共同发展;企业核心竞争力与产品竞争力同步发展;企业环境保护能力与生产发展能力统筹发展;企业社会贡献力与经济实力相互促进发展。

举措之七:深入开展中国特色社会主义主题教育活动,引导民营企业履行企业社会责任。通过履行企业责任,有利于和谐企业的逐利活动与社会相关人利益与社会整体利益之间的关系;有利于和谐企业与当地政府、所在社区的唇齿关系;有利于和谐企业团队,改善人力资源管理;有利于提升企业品牌形象和产品品牌形象;有利于企业获得优质经济社会资源,开辟与发展新的经营生产领域;有利于企业赢得客户,赢得社会公信,赢得经济社会双重利益,赢得持续竞争力和持续发展能力。

举措之八:进一步优化环境。通过优化市场环境,催生企业和产业,聚集资本和人才,推动技术创新与发展和经济资源的高效配置与利用；通过优化行政服务环境，变优惠政策为优质服务，变政府主管机制为政府服务机制，变审批经济项目为监管经济事务，变指挥经济工作为服务经济活动，"用硬措施改善软环境"；通过优化社会服务环境，规范发展商会、协会等自律性组织，增强对民营企业的组织与聚合、联系与沟通、桥梁与纽带、促进与助长等服务功能。

（原载于《当代经济》2008年第12期）

民营经济主导新一轮区域竞争

金融危机的蔓延加快了国际资本和沿海产业转移步伐，一轮新的发展机会将伴随着产业转移而产生，而这新一轮的机会，不仅是地方政府的机会，更是民营经济的机会。

民营经济的快速发展，增强了区域经济发展的活力与动力

改革开放以来，湖北的民营经济经历了一个从开始起步到迅速发展的过程，总量和规模不断扩大，发展水平和竞争力也逐步提高。

民营经济成分的市场主体快速发展。到2008年10月底，全省私营企业达到19.94万户，注册资本金达到3531亿元；个体工商户数达到117万户，注册资本金达到332亿元。九州通集团等13家企业跻身全国民营企业500强；福星集团等28家企业成为湖北具有带动力民营龙头企业；全省私营企业户数、私营企业注册资本金、私营企业税收三大指标年度增长幅度都超过全国平均水平。

民营经济成为扩大就业的主渠道。到2008年10月底，全省个体工商户和私营企业共吸纳就业总人数达到450万人。

民营经济贡献区域经济增长的能力逐年提高。到2007年底，全省民营经济增加值达到4154.6亿元，占GDP的比重进一步上升到46.2%；

包括私营企业、个体工商户、港澳台资企业和外商投资企业在内的全省民营经济纳税总额达到283.9亿元，占地方一般预算收入的比重达到48.1%。

与此同时，民营企业科学发展的能力也在逐步增强。一批企业家改变了过去"单打独斗"的单一竞争思维，增强了竞争合作、加快发展的意识与行为，相互投资参股，用优势资本投资优势发展项目，提高了资本利用效率；一批企业成长进步加入国家级、省级高新技术企业行列，企业自主创新能力和品牌创造能力提高。

在产业转移的浪潮中，民营经济将成为区域经济发展的主导力量

金融危机的蔓延加快了国际资本和沿海产业转移步伐，一轮新的发展机会将伴随着产业转移而产生，而这新一轮的机会，不仅是地方政府的机会，更是民营经济的机会。因为，区域合作将会从各地方政府主导转变为企业主导，企业在跨区域资源配置中的作用将更加突出。因此，必须创新发展举措推进湖北民营经济更好更快发展。

充分发挥湖北比较优势。湖北地处中部，九省通衢，武汉是历史上第二大商埠，应加快建立完善"四基地一枢纽"的步伐；进一步发挥国企在产业链中的龙头作用，推动国企、民企、外企、混合所有制企业之间产品延伸发展、企业合作发展、产业联系发展；着力引导109万高校生和19万科教人才成为既具有科研能力又具有经济发展能力的多功能人才。

进一步优化就业促进机制。放宽个体户经营条件，变注册制为登记制，对个体户经营实行无门槛、零费率，先经营、后登记，重引导、多帮扶，多培训、优服务。支持起步公司创立发展，实行低费率注册、低利率融资、零费率辅导、高效率服务。通过加强创业训练，着力提高学生的自主创业能力和失业待业人员的求职谋生能力。

建立企业辅导机制。成立企业辅导专家委员会，应企业需求为改善企业生产、经营、管理以及技术创新、产品创新等方面的问题提出咨询意见和建议，供企业决策参考。通过进一步强化政府经济管理和服务部门的经济分析、企业诊断、企业评价、企业帮扶、贷款担保、协调沟通等职能，服务与促进民营企业加快成长。

建立信用融资机制。加快建立健全信用体系和信用服务体系的步伐，利用信用杠杆打通融资瓶颈；建立企业信用制度，提供信用报告开展信用评级；建立社会信用制度，引导信用消费与信用合作；建立信用服务制度，开展信用评价，优化信用环境。

大力发展资本市场，充分激活资本市场。近年来，湖北物流市场、劳动力市场发展较快，但是资本市场发展不够，制约经济活动高效率运行，湖北要加快发展，必须改善融资条件，发展资本市场。应进一步强化措施，拓宽小额贷款公司试点范围，积极发展民资银行，大力引进外资银行，推动组建混合资本银行。

放活科教人员，充分发挥人才资源潜能。建议在省属高校和科研院所开展试点，允许科教人员从事与科教关联的第二职业，允许科教人员建立校外所外工作室，允许科教人员停薪留职兴办科技型企业，允许科教人员个人科研成果自主产业化，允许学校院所、科教人员个人共有科研成果利益分成共享，鼓励科研成果公开交易。鼓励支持科教人员充当产科教结合的推动者，充当引领全民创业的带头人。

科学规划建设城镇，引导促进农村人口就近向城镇和中小城市转移。当前，农村人口以流动人口的形式过度向大城市集中，带来诸多城市病，且农民定居大城市成本太高，农民身份向居民身份转变难度较大。在推进人口城市化进程中，必须合理引导农村人口城市化流向，必须改变农村人口过度向大城市拥挤的现象。建议把推进社会主义新农村建设与新城镇建设有机结合起来，通过大力建设发展中小城市和城镇，引导具有二、三产业从业能力的农民彻底离乡移居定居中小城市和城镇，为农村务农农民留下广阔的生产生活空间。着力规划建设发展好资源开发转化型、旅游服务型等以产业为依托的新型中小城市和城镇，例如咸宁的嘉鱼、恩施的利川、十堰的丹江口等县级城市及其有关乡镇。

参与全球企业合作，发展外向型经济。引导民营企业既注重"引进来"，又注重"走出去"，既注重引进资金、技术、人才、管理，又注重结交国内外经济伙伴，利用国内外经济资源，把产品卖到全国全球去，把企业办到省外国外去，努力探索国际化营销、国际化生产、国际化资源配置的产业发展道路。

（原载于《湖北日报》2009年1月21日）

坚持一主三化方针　科学发展县域经济

在2002年全省经济工作会议上，省委明晰了"一主三化"的县域经济发展思路，在2003年政府工作报告中，省政府确立了"一主三化"的县域经济发展方针，就是"坚持县域经济以民营为主的取向，加快推进工业化、农业产业化、城镇化"。八年来，"一主三化"的发展方针逐步深入人心，逐步变成全省人民的共同意识与行为，逐步变成推动县域经济发展的动力和成就。坚持"一主三化"的发展方针，对于发展壮大县域经济，全面推进小康社会建设、和谐社会建设和新农村建设，对于实现富民强县目标具有重大战略意义和现实意义。

围绕坚持"一主三化"方针，科学发展县域经济阐述三个观点。

一、工业化是带动城镇化和农业产业化发展的主导力量

在"一主三化"方针指引下，我省县域工业得到较好较快发展，到2008年，我省县域工业化率提高到36.3%，县域规模以上工业增加值达到1732亿元，占全省工业经济的比重提高到45.1%。加快县域工业化进程，实现以民营经济为主的发展目标，蓬勃发展的个体工商户功不可没，不断做大做强的民营企业功不可没。地处汉川市的湖北福星集团不断技术创新，不断提升主业生产能力和产品竞争力，通过一业为

主，多业经营，不断提升企业实力和社会贡献力，2009年，实现年销售收入过70亿元，年实现税利过10亿元；地处潜江市的金澳科技（湖北）化工有限公司通过技改扩能，把一家设备简陋的小企业发展成为具备年加工原油260万吨、年产品价值100亿元生产能力的大型企业。

二、产业兴镇是推进城镇化的高效途径

构筑规划科学、布局合理、特色突出的，"以县城为龙头、中心镇为重点的新型城镇体系"是省委省政府推进"一主三化"发展战略的重大举措之一。我省民营企业响应号召，积极参与城镇化建设出现可喜局面。湖北福星集团经过几十年努力奋斗，从小到大，发展成为国内外知名的大型企业，但是草根情结依旧，坚持产业兴镇，以企带村，大力资助兴建供水、教育、文化等城镇设施，在偏僻边远的农村托起一座现代化的工业重镇——汉川市沉湖镇。又如，卓尔集团和金马凯旋集团在黄陂区政府的支持下远离中心市区建设汉口北大市场和中国家具CBD，已初具规模，全部建成后，可形成年销售额大约800亿元的商贸重镇。再如，湖北现代集团联合加拿大贝祥投资集团在仙桃开发建设按照工业、商业、农副产品加工、居住服务功能分区的"现代·中加科技城"，规划用地面积3000亩，建筑面积200万平方米，总投资约30亿元。

三、民营企业在农业产业化发展道路上大有可为

近年来，一大批民营企业积极参与新农村建设，参与农业产业化经营取得良好的经济效益和社会效益。湖北福娃集团是农业产业化国家重

点企业，位于中心集镇，手牵农户，放眼市场，开发加工农副产品，在农业产业化道路上不断探索发展壮大，"银欣"大米和"福娃"食品多次被评为"湖北名牌"；有九个品种被认定为国家级"绿色食品"，年产值近10亿元。湖北神丹公司上连超市下接农户，打造中国蛋品品牌。"神丹"系列六大类蛋品被认证为中国"绿色食品"，产品进入1000多家大型连锁超市和3000多家便民连锁店，并与世界三大零售巨头家乐福、麦德龙、沃尔玛签订了全国合作协议，产品销售日、韩、澳、美、中国香港等地和国内30个省市。

围绕坚持贯彻"一主三化"发展方针提出三点建议。

（一）加快推进县域工业化进程

工业化是"三化"的龙头，是推动县域经济发展的主导力量。要着力优化工业发展环境，挖掘工业发展潜力，盘活工业发展存量，引进工业发展增量，做大工业经济总量，提升工业经济比重，提高工业发展效益，防止工业污染危害。要着力解决融资难这一制约工业发展的老大难问题，建议各国有商业银行恢复或建立县、乡两级信贷服务网点，经营方式采取注入式信贷资金投放，而不是抽水式资金吸储。最近，湖北省工商银行高度重视加强中小企业信贷业务，即将出台《关于进一步推进小企业信贷业务发展的工作意见》，并明确提出要成立"小企业金融业务中心"和"小企业专营支行"，"要提高小企业贷款在本行贷款的比重"，这一举措，有利于突破中小企业融资瓶颈，值得重视推广。建议激励商业银行延伸到县镇经营，建议通过税收优惠、加大政府担保或再担保支持力度支持县域金融服务业发展。

（二）按照人口发展趋势大手笔规划建设发展好新城镇

伴随经济社会快速发展，人口城市化进程加快是客观规律和必然趋势，建议我省按照近期50%、中期60%、长期70%的人口城镇化率来规划县域人口分布，来规划建设发展好城市、集镇和乡村。按照人口转移发展趋势和经济社会要素集聚能力，建议部分县城规划发展为中等城市，建议部分中心集镇规划发展为小城市，建议集约规划建设好乡村。建议顺应产业带动性迁移、择业流动性迁移和农民致富性迁移为主导的人口城镇化趋势，帮助具备城镇谋职生活能力的"城乡两栖人口"定居城镇，从户籍迁移、廉租住房、子女就学、社会保障等方面为其提供城镇居民待遇。帮助他们彻底离土离乡真正变成城镇居民。人口城镇化追求的直接经济社会效益是提高土地集约利用效率，增加可利用的农业耕地和建设用地，为留乡务农农民扩大生产资料和劳动空间。根据我省实际，人口迁移的引导方向应主要是中小城市和中心集镇，就近迁移效率更高，稳定性更好。

（三）进一步引导激励民营企业参与农业产业化经营

"促进农村经济社会全面进步"需要汇聚企业公民的智慧和力量。要引导民营企业通过多种途径参与新农村建设，推进农业产业化。一是上山：发展山区经济，开发山区资源，改变山区面貌，帮助山民脱贫致富；二是下乡：参与农业产业化经营，兴办涉农企业，发展涉农产业，按照"公司+基地+农户"产业链方式，探索企业资本与农民土地资本组织农业生产合作社模式，组织分散农户参与社会化大生产，围绕粮、棉、油、牧、副、渔、禽、菜、烟、果、药、茶12大类农副产品的规模生产、系列加工、产品变形、集约经营、价值增值动脑筋、想办法、下功夫、求实效；三是"回归"：引导民营企业家回家乡投资兴业或帮助支持家乡事业发展；四是"联村"：引导民营企业对口联系帮扶农村，连接农业产业化发展链条。建设社会主义新农村，是希望的田野的召唤，也是企业公民履行社会责任的重要途径之一，在那里，天地广阔，大有作为。

2010年

构建经济兴奋点 激活区域经济吸引力

"十二五"规划的大幕已经拉开，新年经济发展的号角已经吹响，开创湖北科学发展的新局面，实现湖北跨越式发展，需要不断增强经济发展的活力、动力和吸引力，需要构建湖北经济发展兴奋点。

集中智慧和力量，培育省域经济发展战略兴奋点

竞争与合作是区域经济发展的两大特征，希望不断保持区域经济发展的活力与动力，就应该不断创造经济兴奋点。经济兴奋点就是经济竞争力、经济吸引力和经济发展力。在全省经济工作会议上，省委省政府明晰了"四结合四调整"的湖北经济发展战略，即结合战略性新兴产业推进、十大产业振兴、湖北科教优势发挥，调整产业结构；结合两圈一带发展战略实施、县域经济发展、新兴城镇化推进，调整区域发展结构；结合转变发展方式，调整"三驾马车"结构；结合国企改革、体制机制创新，调整企业组织结构和所有制结构。并且明晰了实现湖北跨越式发展的选择路径，要在"异、优、重、特"四方面体现湖北发展的实力、规模和质量，努力构建促进中部崛起的重要战略支点。省委省政府从战略层面构建了湖北发展经济兴奋点，从战略实施层面，需要调动一切积极因素，广泛汇聚智慧和力量，用具体的

工作措施把发展战略落到实处。工商联肩负着促进非公有制经济健康发展和促进非公有制经济人士健康成长的双重使命，促进发展，时不我待。近年来，湖北市场主体数量增速加快，目前，私营企业户数超过27万户，个体工商户超过160万户，是增速最快的时期。这得益于各级党委政府大力优化投资环境，得益于大力放宽市场准入门槛，得益于重商亲商文化氛围的形成。近年来，湖北民营企业健康成长，劲酒集团发布企业社会责任报告，九州通、福星股份等一批上市公司表现优秀，百步亭、三峡全通、卓尔、金马凯旋、华丽环保、合众人寿、湖北金澳科技等一批新型民营企业做大做强，智能电梯成为畅销欧、美、亚洲的国产品牌，大枫纸业成为联合国文化用品定点供应商，江通动漫吸引文化市场和业界眼球。质与量，湖北民营经济发展的双重目标步入了较好较快的实现轨道。

优化意识与行为，营造湖北经济发展环境兴奋点

在全省经济工作会议上，湖北省委书记李鸿忠同志提出"环境就是生产力，环境就是竞争力，环境就是吸引力，环境就是创造力，发展环境就是发展的生命线"。湖北省委副书记、代省长王国生同志提出要"大力实施开放先导战略"。当前，全省各级工商联组织正在努力把思想和行动统一到全省经济工作会议精神上来，切实发挥好政府的助手作用，在营造湖北优良的民营经济发展环境方面办好"服务台"，当好"服务员"；正在积极响应省委省政府的号召，为"打造亲商、利商、留商、暖商、敬商、懂商、悦商"的人文软环境努力工作，让优良的人文软环境"营造气候、土壤、空气、阳光和水分"，让优良的人文软环境"生长人才、项目、资本、企业和企业家"，让

优良的人文软环境促进非公有制经济人士健康成长，促进非公有制经济健康发展。

创新发展特色经济，培育民营经济发展兴奋点

工商联是党和政府联系非公有制经济人士的桥梁和纽带，是政府管理和服务非公有制经济的助手，应围绕科学发展，围绕转变经济发展方式，围绕培育民营经济发展兴奋点，动脑筋、做文章。新年伊始，湖北省工商联组织全国、省、市州三级工商联界别的政协委员，会同美国湖北商会、加拿大中国商会，结合武汉城市圈建设的新形势，研讨湖北民营经济发展兴奋点，建议政府支持企业和企业集团建设"大武汉"品牌项目，支持在创新发展文化产业、创新发展旅游经济、创新建设市场集群、创新中外企业合作方式四个方面努力创造市场兴奋点、投资兴奋点、文化兴奋点和旅游兴奋点。湖北省工商联积极组织国内外友好商会和省内外非公有制经济人士，服务与促进"大武汉博海学岛""大武汉水舞剧院""大武汉汽车乐园""大武汉市场集群"四大工程项目建设，服务与促进激光、服装、家具、医药四个千亿元产业进一步做大做强，服务与促进"仙桃中加科技城""孝感中加产业园""汉川沉湖生态文化园""武汉文化大观园"四大科学文化产业园区建设。

新年新形势新任务新要求，全省各级工商联组织和广大非公有制经济人士正在舒活筋骨、抖擞精神，努力为掀起湖北民营经济发展新高潮，为开创湖北科学发展新局面做出新贡献。

2011年

必须培养全社会的创新精神

在历史长河中，中国人的好奇心和探索精神，为人类贡献了四大发明，给历史航船驶向文明时代注入了智能动力。在现代化进程中，时代呼唤加速建设中国的现代化为加速全人类的现代化做出贡献。

建设中国的现代化，必须建设创新型中国，必须"走中国特色自主创新道路"，必须"大幅度提高国家竞争力"，必须"加快推进国家创新体系建设"，必须"培养造就富有创新精神的人才队伍"，必须"培养全社会的创新精神"，必须最广泛地凝聚智慧和力量。

更新创新观念，激励全民创新

创新是一种意识与行为，创新成果是人们思想意识升华和行为方式变革的结晶体。创新，需要人才的杰出贡献，也需要广大民众的集体智慧；创新，需要科学家的探索发现，也需要每一位劳动者的工作今天比昨天做得更好；创新，必须坚持以人为本，以人民大众为本。应该树立一种观念：发现是创新，发明是创新，综合就是创新，应用也是创新。只有努力提高全民创新意识与科学素养，充分发挥在学习、工作、生活各个方面，在技术、生产、管理等各个岗位上的广大民众的创新积极性，使创新成为广大民众的共同意识与主动行为，才能给国家创新充满无限的生机与活力，增添无穷的智慧和动力。

放活科教人员，激励人才创新

建议在高校和科研院所开展试点，允许科教人员从事与科教关联的第二职业，允许科教人员建立校外所外工作室，允许科教人员停薪留职兴办科技型企业，允许公职科教人员个人科研成果自主产业化，允许学校、院所、个人共有科研成果利益分成共享，鼓励科研成果公开交易，鼓励支持科教人员充当产科教结合的推动者，充当引领全民创新创业的带头人。

优化技术经济政策，激励创新成果转化

建议对获得国家级科技进步奖励的科技成果产业化贷款项目由国家银行或国家控股银行提供信用贷款，由政府设立专项基金提供信贷担保和风险担保，通过建立国家科技信贷担保制度，激励科技信贷，支持科技成果产业化，大力促进更多的创新成果转化为现实生产力，大力促进技术与经济相结合的产品创新和产业创新。

建立创新服务体系，激励企业创新

建议建立技术成果推广中心，指导中小企业采用先进制造技术；建立中小企业新技术、新产品孵化中心，外力帮扶中小企业创新；建立科技成果交易中心，服务中小企业交易创新成果；建立企业人才培

训中心，培训中小企业管理创新人才；建立国家技术特派员制度，深入企业指导服务技术创新；建立中小企业网络服务平台，服务中小企业技术创新、管理创新、产品创新；建立标准化服务体系，支持企业制定企业标准、采用先进标准；建立职工技术创新激励机制，开展全国性和区域性职工技能大赛；建立企业创新指导委员会，应企业要求提供技术创新、管理创新咨询服务。

通过示范引导，激励建设创新型城市和乡村

近年来，北京、重庆、深圳等地，先后提出建设创新型城市，从科技、体制、管理、环境、资源等方面提出了创新思路与举措，四川成都、湖北鄂州等地先后进行了以城带乡式的创新型农村建设试点，收到事半功倍的成效，使城乡居民，特别是农村居民"幸福感"增强，"和谐指数"提高，建议国家因势利导，全面推进创新型城市和乡村建设，为建设创新型中国奠定基础。

建设创新型中国，实现人民的新期待

建设一个"富强、民主、文明、和谐"的社会主义国家是时代的要求和人民的期待，这应该成为创新型中国的衡量标准。

建设创新型中国，必须实现富强目标，加速国家工业化和现代化进程，用工业化提高农业生产效率和效益，用现代化提高工业化水平和城市乡村建设水平。

建设创新型中国，必须实现民主目标，让坚持党的领导、人民当家做主、依法治国有机统一，让发展社会主义民主政治，建设社会主

义法治国家，巩固和壮大最广泛的爱国统一战线的民主政治制度永葆青春活力。

建设创新型中国，必须实现文明目标，让物质文明、精神文明、政治文明和生态文明感受在每一个中国人的心里，体现在每一个中国人的身上，表现在每一个中国人的行为上。

建设创新型中国，必须实现和谐目标，最广泛地团结全体劳动者、建设者和爱国者，为建设中国特色社会主义事业努力奋斗，为建设持久和平、共同繁荣的和谐世界贡献力量。

（原载于《世纪行》2011年第3期）

让民营经济活力充分迸发

近年来，湖北省委、省政府高度重视发展民营经济，通过确立"一主三化"的发展方针，建立企业直通车服务机制等一系列措施，湖北民营经济活力持续增强，健康发展和跨越式发展势头已经形成。2011年，全省民营市场主体超过200万户，销售收入过100亿元、单户纳税过10亿元的民营企业增加到7户，全国民营企业500强中湖北有17家上榜，全省民营市场主体占比、民营GDP、民营吸纳新增就业和民间投资占比分别达到全省的98%以上、52%以上、80%以上和57%以上。民营经济已经成为支撑湖北经济社会发展的"顶梁柱"。与此同时，在当前国内外宏观经济形势下，部分民营企业特别是中小企业出现生产经营困难，"保生存、谋发展"难度加大。未来一个时期内，"解难题、增活力、促发展"应成为全省各级党委、政府共同思考的重大课题。

笔者认为，应重点从六个方面着手，加快催生民营市场主体、促进民营经济发展方式转变，扶持民营经济持续做大做强。

一、着力推动高校毕业生自主创业

湖北是科教大省。近年来，每年湖北籍高校毕业生需就业人数约30万人。如果帮助他们更新就业观念，提高创业能力，必将为湖北市场主体建设增添新的巨大活力。有关政府部门在优化创业环境的同时，应更加注重转变扶持方式，变"推动就业"为"支持创业"和"推动就业"并重，引导他们转变传统就业观念，进一步增强靠知识和技能自主创业奋斗的意识和韧劲，开辟自己的创业发展道路；在加强知识教育的同时，注重提高学生的专业能力、创业能力和创新能力；加强创业训练，为高校毕业生营造良好的自主创业氛围。

二、加快催生一大批中小企业

应从发展经济和扩大就业双重目标出发，进一步放宽市场准入，催生中小企业并扶持其加快发展。大力支持创立起步公司，放宽个体工商户经营条件，变注册制为登记制，实行无门槛、零费率，逐步探索先经营、后登记；更新对现代企业的观念和认识，将个体工商户视同企业对待，建议在条件成熟的时候将个体工商户更名为企业。

三、加强中小企业人力资源能力建设

中小企业日常生产、经营、管理，发展速度、效益、后劲，可持续发展能力、企业影响力、市场竞争力等无不与企业人力资源能力建设密切相关。各级政府应着眼于扶持民营企业发展壮大，建立管理培训中心，为民营企业特别是中小企业培训管理和创新人才；加快健全适应中小企业发展需要的人才队伍建设工作体系，特别是要着力建设三支队伍：企业家人才队伍，企业管理人才队伍和企业技术、技工人才队伍；把中小企业人才队伍建设纳入湖北人力资源能力建设的工作重点加以部署并贯彻落实。

四、激励民营经济创新发展

一是更新创新观念，激励社会创新。湖北创新发展，应树立以下观念，即科学发现是创新，技术发明是创新，集成与综合是创新，推广应用也是创新。湖北未来的发展征程中，要下大力提高全民创新意识与科学素养，充分发挥技术、生产、管理等各个岗位的创新积极性，使创新成为全社会的共同意识与自觉行动，为民营经济创新发展提供社会土壤，为湖北创新发展增添生机与活力。二是优化体制机制，激励人才创新。建议在条件较成熟的高校和科研院所开展试点，健全制度，允许科研、教学人员从事与科教工作紧密关联的第二职业，如成立与智力成果转化相关的工作室，甚至有条件地允许科教人员停薪留职兴办科技型、创新型企业，提供政策便利，使产、学、研无缝对接；改革科研成果评价机制，引入市场要素参与成果评价。三是建立创新服务体系，激励创新成果转化。将湖北的科教优势早日转化为现实的产业优势、创新优势和区域竞争优势，引领全民创新创业。在个人科研成果自主产业化方面打破陈规；设立专项基金提供信贷风险担保，帮助民营企业科技成果产业化贷款项目及时获得信用贷款，支持科技成果更多地在湖北省内实现产业化。优化相关财税、人才等政策体系设计；鼓励民营企业建立研发中心，并加大研发投入；政府主导建立技术成果推广中心，指导中小企业采用先进技术和工艺；建立新技术、新产品孵化中心、科技成果交易中心，推动中小企业创新发展；建立标准化服务体系，支持制定企业标准、采用先进标准；建立职工技术创新激励机制，增强中小企业创新发展能力。

五、建立针对民营企业的政府服务工作体系

加快健全科学的中小企业统计制度，加强对中小企业生存发展环境和企业市场行为的调查研究，及时掌握中小企业生产经营发展状况和趋势；建立企业创新辅导机制，应企业要求提供技术创新、管理创新咨询服务。进一步精事简政，提高政府为中小企业服务的效能，切实解决好长期困扰中小企业的"一高两难"（成本高、融资难、办事难）问题。优化整合有关部门中小企业服务职能，必要时可成立专门机构，负责研究制定促进中小企业跨越式发展的组合型政策措施和工作措施，并督促落实，为中小企业发展提供宏观指导和协调服务。去年，省级政府部门带头减少审批事项109个，各级政府部门努力办好"服务台"，当好"服务员"，受到中小企业主的普遍欢迎。下一步，要在增强服务功能、提高服务效能方面下功夫、求实效，降低政府管理、服务成本，减轻企业税费负担。

六、积极缓解民营中小企业融资难题

一是探索建立政策性中小企业银行，针对中小企业自身特点，为中小企业特别是科技型、成长型企业提供及时有效的信贷服务。二是支持商业银行建立中小企业信贷专营机构或服务专柜，鼓励商业银行为中小企业提供信贷服务。三是鼓励发展民间资本银行，引导民间借贷融资业务合法、健康、规范发展。四是以政府资本金参股投资方式支持村镇银行、社区银行等提升中小企业信贷服务功能，提高经营管理水平。五是引导有关保险机构开展中小企业融资担保业务，助力

破解中小企业融资难题。六是加快建立企业、银行和社会组织信用制度，优化信用环境，推动信用融资。七是放宽准入，加强辅导，为成长性好的中小企业进入股票、债券、产权交易市场融资提供便捷通道。八是依据省情特点，研究出台服务中小企业进出口融资的有关政策，加快推进全省民营经济持续、健康、快速发展。

（原载于《政策》2012年第4期）

竞进提质　掀起民营经济发展新高潮

湖北民营经济在经历了萌芽发展、突破性发展、规模发展、嫁接发展、"一主三化"发展阶段之后，当前，正步入跨越式发展新阶段。

当前，全省民营经济成分的市场主体超过250万户，其中私营企业超过35万户、个体工商户超过210万户、农民专业合作社超过3万户，民营市场主体份额、民营经济增加值、民营税收、民营吸纳新增就业、民营进出口总额和民间投资分别占比98%以上、50.9%以上、50%以上、80%以上、23%以上和64%以上，上榜全国民营企业500强数量达到17家，居中部第一位、全国第六位。民营经济已经成为投资增长的主动力、增加就业的主渠道、繁荣市场的主力军、税收增长的加速器，成为建设湖北经济大厦的顶梁柱，成为推动湖北科学发展、跨越式发展的重要力量。

但是，与沿海发达地区相比，湖北民营经济仍然存在企业数量少、规模小，经济合作性不强，经济外向度不高，实体经济占比相对较低，自主品牌较少，自主创新能力不强六大差距与不足。

构建促进中部崛起的重要战略支点、推进长江中游城市集群发展、推进"五个湖北"建设、推进湖北科学发展跨越式发展，必须全面贯彻落实党的十八大和省第十次党代会精神，围绕政府工作报告提出的目标任务，努力做好"竞进提质"这篇大文章，促进民营经济大发展大提升。

让大中小微企业的活力竞相迸发

围绕"竞进提质"要求，做好四篇文章。

抓大：大力促进九州通集团建设千亿元企业集团；大力促进福星集团、阳光凯迪集团、卓尔集团、稻花香集团等百亿元民营企业和劲牌集团、福星集团、卓尔集团等十亿以上纳税企业进一步做大做强。

扶小：大力帮助小微企业解决生产经营难题，"保生存、谋发展"。

提质：大力促进民营企业在转变经济发展方式、提高企业素质、保障和改善民生三方面有更大作为。

增量：大力培育、引进和发展市场主体，催生小微企业、工商户、农民专业合作社，服务与促进它们健康成长，数量上由少变多，规模上由小长大。

建设千亿元产业支撑实体经济发展

围绕"竞进提质"要求，实施四大行动计划。

做大产业：大力促进激光、电缆、服装、家具、医药物流等千亿元民营产业计划实施，创新技术产品、壮大龙头企业、延伸产业链条，发展产业集群。

做大市场：充分发挥汉口北市场集群、襄阳光彩大市场、东西湖物流产业园等市场物流带动功能，带动服务业制造业规模发展。

做大园区：大力支持中加科技城、武汉2.5产业园、团风钢构产业园、凤凰七仙文化产业园、中华凤文化旅游城、荆门农谷、福娃农产品加工产业园等民营二三一产业园区建设，带动湖北县域经济、外向型经济和文化旅游经济加快发展。

做大产品：大力服务与促进楚天激光、智能电梯、枭龙汽车、爱帝服装、人福医药、华灿芯片、金澳化工、联邦电缆等精品名牌支撑湖北产品规模发展、支撑实体经济加快发展。

培养民营跨国公司支持民企走出去发展

围绕"竞进提质"要求，大力支持民营企业和民间资本走出去、引进来。智能电梯是湖北第一家民营跨国公司，产品出口德国等11个国家，在俄罗斯等五个国家创办了合资工厂，其中控股两家，具备了"世界水平的跨国公司"成长条件，需要从融资、技术、管理、营销、外联等方面给予指导帮助，"枭龙汽车"是以出口导向为主的我省自主汽车品牌，"阳光凯迪""华丽环保"等企业产品、技术走出去发展势头较好需要助力推进。同时，要充分发挥工商联和商会组织联系广泛、渠道畅通、亲近企业的优势，大力引进国内外民间资本和企业进湖北、促发展。

努力营造重商服务环境

近年来，湖北省委省政府高度重视营造、改善、优化发展环境，从用硬措施改善软环境到建设重商亲商文化，从树立"产业第一、企业家老大"的意识到倡导"宁愿政府麻烦，不让企业费事"的行为，从不断强化科教、区位、交通等传统优势，到努力创造暖人心的"服务新优势"，为汇聚经济发展能量，提升经济吸引力、影响力、发展力，收到了事半功倍的效果。在重视为大企业提供直通车服务等优质服务的同时，更要高度重视优化中小企业服务体系，切实为它们提供催生、救生、助长、帮扶服务，切实解决好长期困扰它们的"一高两难"（成本高、融资难、办事难）问题。中小企业是最需要服务帮助的企业群体，是湖北民营经济健康快速发展的现实动力和重大潜力。

同时，在推进"竞进提质"工作中，要注重引导民营企业在转变经济发展方式、促进民营经济健康发展方面迈出更大步伐，在推进自主创新、提升技术经济创新发展能力方面争取更大绩效，在加强和创新社会管理、促进社会和谐方面担当更大责任，在参与国际经济技术合作方面展现更大影响力，在践行社会主义核心价值观、围绕五位一体总布局、推进四化同步发展上有更大作为。

（原载于《工商时报》2013年1月13日）

高效发展混合所有制经济

得益于改革开放，得益于贯彻执行两个"毫不动摇"的经济发展方针，我国公有制和非公有制经济双轮驱动、互相促进，共同推进国民经济持续、平稳、较快发展。

当前，公有制和非公有制经济总量大体相当，以至于出现"半壁江山"之说，出现"公"与"非公"谁为主体之争论，出现将"以公有制为主体"修改为"以公有制为主导"的建议等。总之，对二者之间强调"竞争"者较多，倡导"合作"者较少，评论"国进民退"或"国退民进"者较多，建言"国民携手共进"者较少。我认为，经济竞争发展与合作发展是市场经济的双重特征，围绕公平与效率的双重目标，既要重视经济竞争发展，还要重视经济合作发展，发展混合所有制经济是集合经济竞争发展与合作发展双重优势的高效路径。

我国的混合所有制经济源于新中国成立初期公私合营，恢复于改革开放初期城乡居民个人投资参与集体企业改制，发展于民间资本参与国有企业改制或国有企业改制为非公有制企业时保留部分国有产权，拓展到民间资本和国有资本参与中外合资。

2003年，混合所有制经济占全国总体经济比重40%；3117家国有及国有控股企业中，混合所有制企业1273家，占比40.8%。其后10年间，改革初期形成的混合所有制企业大部分改制为私营企业，发展混合所有制经济的呼声渐小。

混合所有制经济是公有制和非公有制经济发展路径之间的第三条经济发展路径，重在经济合作发展、讲求资本营运效率，有利于集中力量办大事，在当前宏观经济形势和市场竞争机制下，应大力提倡并着力推动发展。

发挥社会主义与市场经济制度结合优势，通过发展混合所有制经济提高国民经济发展效率

社会主义制度的优势是集中力量办大事，市场经济制度的优势是高效配置资源，通过发展混合所有制经济集合两大制度优势，促进不同所有制经济发展优势互补、激发活力、形成合力，在坚持以公有制为主体、多种所有制经济共同发展的基本经济制度框架内，将公有制的经济总量单一主体地位发展成为经济总量和经济控制力双重主体地位，并通过发挥不同所有制经济结合的力量，提升国家市场经济竞争能力和发展效率。

通过发展混合所有制经济，增强国有经济活力、控制力和影响力

目前，我国国有资本主要投向关系国家安全和国民经济命脉的关键领域、基础性支柱性产业和重要行业。应该从增强国有经济活力、控制力和影响力的大目标出发，除极少数关键领域必须保持独资和绝对控股外，在其他领域以发展混合所有制经济为路径，以股份制产权为纽带，以资本嫁接为桥梁，以有限的国有资本带动更多的民间资本参与经济社会建设，形成一批混合所有制大企业大产业，"培育一批

世界水平的跨国公司"，提升国家经济综合实力、经济调节能力和国际经济竞争力。

通过发展混合所有制经济，助推非公有制经济健康发展

近年来，国务院先后颁发"非公有制经济36条"和"民间投资36条"等经济政策鼓励支持引导非公有制经济较好较快发展。建议在坚持国家政策引导力量的同时，高效发挥国有资本的经济杠杆作用，以国有资本参股投资非公有制企业方式，促进非公有制企业优化股权结构，提升企业管理、企业信誉和发展能力，为非公有制经济健康发展添加动力。

顺应不同所有制经济寻求合作的内在要求，引导混合所有制经济健康发展

一是政策引导，国家出台鼓励支持引导混合所有制经济发展的专项条例。

二是规范管理，制定办法，加强对国有资本控股的混合所有制企业监管。

三是加强指导，规范发展混合所有制经济活动中以股份制产权为纽带的资本合作、企业合作和产业合作行为。

四是公正服务，切实保证各种所有制经济"平等使用生产要素、公平参与市场竞争、同等受到法律保护"，不断激发市场主体活力，增强国家经济发展动力。

（原载于《世纪行》2013年第3期）

改革呼唤"精兵简政"

建设资源节约型社会，必须节约政务资源；建设环境友好型社会，必须优化政务环境；加强和创新社会管理，必须改进政府公共服务；推进社会主义现代化建设，必须树立现代化政务意识与行为，并大力提升政府效能。

精官简政

切实减少行政领导职数。减轻行政议事和决策负担。目前，各级政府及其部门领导职数较多，分工太细太分散，较多的时间和精力花在班子成员关系协调和工作协调上，既增加行政成本，又影响行政效率。建议按照现行领导职数，当前削减25%，十年之内削减50%；并推行同级党政领导统筹分工，减少重复分工，提高党政领导成员集约工作效率。

切实减少机构编制。要下决心、动真格，让政府机构和人员编制总数走出"精简—膨胀—再精简—再膨胀"的怪圈。

着力理顺并减少城市层级。目前，我国城市行政层级分省级、副省级、地级、副地级、县级共五个级别，除了政治、区位、人口等因素外，经济总量的提升是城市升级或"县改市""地改市"的重要因素。建议"探索省直接管理县（市）改革"尽快付诸实施，通过减少城市层级、精官简政并提能善政。

精事简政

发展社会主义市场经济必须"更加尊重市场规律，更好发挥政府作用"。

建议各级政府切实转变职能，进一步规范抽象行政行为，减少具体行政行为；进一步减少政府管控部门，健全社会服务体系；进一步减少审批经济项目，加强监管经济事务；进一步减少指挥经济工作，加强指导经济活动。

建议政府及其部门在增强服务功能、提高服务效能方面下功夫、求实效，努力办好"服务台"，当好"服务员"。建议国税、地税两局合并，一个机构向企业征税，两类税种分别入库，降低政府税收成本，减轻企业税管负担。

建议领导干部下基层调研，取消接待工作选点（特殊典型）、踩线（踏勘路线）、演练（模拟训练）、造势（宣传标语）等准备程序，让领导干部看到真实现状、了解真实情况、研究真实问题、解决真实困难和矛盾。

精文简政

最近，地方政府纷纷作出规定，为公文减数、限字，社会反响较好。精文简政，除了减少公文数量与文字外，重在把官样文章做成百姓文章，多一些实情要义、少一些"穿靴戴帽"，要缩短责任感紧迫感的篇幅、减少层层叠加指导思想的赘述，要文中见物、文中求是、文中指向、文中有方，让政府公文成为公务员离不开的行动指南和老百姓少不得的行为导向。

精会简政

一要改进会风。除了减少会议数量、规模和时间外，还要减少滞后于广播电视新闻的没有新鲜内容的层层会议传达，在组织广大干部群众及时收听收看会议实况、领会精神实质、促进工作上求实效。

二要改进话风。要讲真话、讲短话，不讲空话套话、不要当面恭维，提倡言简意赅、直奔主题、观点鲜明、意见明确。建议把节约文字、节约语言、节约会议时间纳入节约行政成本、提高政府效能的重要内容。

（原载于《中国政协》2013年第24期）

湖北民营经济发展需要进一步激发活力与动力

当前，湖北民营经济在《湖北民营经济53条》及《湖北政法16条》等政策促进和服务改进的作用力下，保持了健康发展势头，但也存在一些亟须认真研究、着力解决的问题，应当进一步优化政策措施和工作措施，进一步激发湖北民营经济发展活力与动力。

湖北民营经济发展历程与现状

（一）发展历程

改革开放以来，湖北民营经济发展经历了从无到有，从允许存在到必要补充，到共同发展，到重要组成部分，到形成重要基础的发展历程。大体可分为以下六个阶段：

1978—1991年，萌芽发展阶段。1978年，党的十一届三中全会确立了解放思想、实事求是的思想路线，国家实行改革开放，党和国家的工作重心转移到经济建设上来。1979年1月17日，邓小平提出"钱要用起来，人要用起来"，为改革开放服务。1979年初湖北大地上涌现个体经营户。

1992—1994年，突破性发展阶段。1992年，邓小平到武昌、深圳、珠海、上海等地，发表了重要讲话，极大地调动了湖北人民发展个体私营经济的积极性。1993年，湖北省首次个体私营经济工作会议在孝感召开，促进了个体经营户数量大发展和私营企业（个体户成长+乡镇企业转制）突破性发展。

1995—1997年，规模发展阶段。1995年，湖北省召开了第二次个体私营经济工作会议，省人大颁布了《湖北省个体经营户和私营企业条例》。全省个体户数量和私营企业数量迅速增加，私营企业规模快速扩大。

1998—2001年，嫁接发展阶段。1998年，湖北省召开了全省第一次民营经济工作会议，中共湖北省委、省政府下发了《关于加快民营经济发展的决定》，推动了民营经济参与国有企业改革，一批国有企业转制为民营企业，一批国有企业由于民间资本参与发展成为混合所有制企业或股份制企业。

2002—2011年，"一主三化"发展阶段。2002年，中共湖北省委、省政府确立了"一主三化"发展县域经济的方针（发展县域经济坚持以民营经济为主的取向，大力推进工业化、农业产业化和城镇化）。此后，每年召开全省县域经济工作会议，连续九年召开全省民营企业家座谈会议，大力优化发展环境，大力弘扬重商文化（重商、亲商、利商、留商、暖商、敬商、懂商、悦商、护商），大力推动了湖北民营经济和县域经济发展。

2011年至今，跨越式发展阶段。其标志是两个重要文件（鄂发〔2011〕9号《关于进一步加强和改进工商联工作的意见》和鄂政发〔2012〕82号《关于大力推动民营经济跨越式发展的意见》）、两个重要会议（2011年4月18日湖北省委省政府召开加强和改进工商联工作暨加快民营经济发展会议）、两个重要指标（民营经济增加值，2011年占GDP的比重过半，2012年过万亿；民间投资，2012年度占比过半、增幅中部第一）、两个重要位次（拥有中国民营企业500强和民营制造业500强企业各保持18家左右，拥有500强民营企业数量的省份排序进入第5）。

（二）发展绩效

得益于改革开放，得益于省委省政府的正确领导，得益于全民创业积极性，得益于广大非公有制经济人士的努力奋斗，湖北民营经济得到持续较好较快发展，成为经济增长的加速器、投资增长的动力源、税收增长的贡献者、扩大就业的主渠道、繁荣市场的主力军和经济结构调整的促进派。

纵向比。2003年至2013年十年间，全省私营企业由8.6万户增加到46.3万户，增长4.4倍；个体工商户由104.9万户增加到268.5万户，增长1.6倍；私营企业户均注册资本金总额由124.4亿元增加到1.16万亿元，增长93.5倍；拥有全国民营500强企业由3家增加到18家。

横向比。以2012年数据排序：湖北私营企业数量在全国31个省份排序第10位，个体工商户数量排序第5位，私营企业户均注册资本金总额排序第13位，拥有中国民营500强企业数量18家，排序第5位（浙江139/1、江苏93/2、山东54/3、广东21/4）；拥有中国民营制造500强企业18家，在省份排序第9。

在全省经济总量中占比。用6个数字表述：566893，即54.0%的GDP、68.5%的投资、68.2%的税收（2013年上半年数）、86.4%的就业、93.9%的市场主体、32.8%的进出口总额。

（三）发展差距

与沿海发达省份相比，存在以下差距：

一是企业数量少。以2012年数据对比，湖北私营企业34.6万户，比上海85.1万户少50.5万户，比江苏131.3万户少96.7万户，比浙江77.5万户少42.9万户。

二是企业规模小。湖北私营企业户均注册资本金251.2万元，比全国平均313.4万元少62.2万元；在全国民营企业500强份额中湖北上榜企业数量18家，在省份排名第5位；但是上榜企业营业收入总额排名第13位，资产总额排名第15位。

三是经济外向度低。2012年，湖北民营企业在全国民营企业出口份额中占比0.8%，低于全国平均水平（1/31=3.2%），低于上海、江苏、浙江、河南、湖南（分别占比4.6%、12.5%、18.3%、1.0%、0.9%）。

四是品牌收益少。2012年，湖北百强民营企业拥有国内外商标总数达到2852个，增长较快，但是，商标产品占总收入的比重达到100%的企业只有36家，依靠贴牌商标形成产品收入的企业占比41%。

促进民营经济发展的工作举措

近年来，全省各级工商联组织和广大民营企业家认真贯彻落实省委、省政府"竞进提质""速效兼取""升级增效"的总要求，大力促进民营经济健康发展。

（一）抓大

做大产业：大力促进激光、服装、家具三大千亿元民营产业计划实施；做大市场：充分发挥汉口北市场集群、襄阳光彩大市场等市场物流带动功能，带动服务业、制造业规模发展；做大园区：大力服务与促进武汉通用航空产业园、仙桃中加科技城、孝感传化物流公路港、凤凰七仙文化产业园等一批民营产业园区建设，带动湖北县域经济、外向型经济和文化旅游经济加快发展；做大产品：大力服务与促进激光系列产品、智能电梯、枭龙汽车、爱帝猫人服装、人福医药、华灿芯片、金澳化工、鼎龙彩色墨粉等精品名牌支撑湖北产品规模发展、支撑实体经济加快发展。大力服务与促进劲牌、福星、卓尔等10亿元以上纳税企业，九州通、福星、卓尔、稻花香、欧亚达、新七建、新八建、山河建设、阳光凯迪、金澳科技、合众人寿、湖北洋丰、骆驼集团、新龙药业、百步亭集团、金马凯旋、枝江酒业、湖北东圣化工、湖北宝业建工、武汉康顺集团、宜昌东阳光等百亿或近百亿民营企业进一步做大做强。

（二）扶小

推动建立商会银行合作机制，湖北省工商联已与农发行、工商行、浦发行、湖北银行、华夏银行建立了合作机制，通过让银行了解企业，让企业了解银行，努力服务与促进民营企业信贷融资，努力帮助中小企业解决生产经营难题。开展中小企业政策联络员培训，让民营企业知晓鼓励支持引导"非公有制经济"发展的政策措施和工作措施，武汉市工商联已经培训500多人。

（三）提质

大力促进民营企业在转变经济发展方式、提高企业素质、保障和改善民生三方面有更大作为。在中央统战部编辑的民营企业《转型的智慧》22个优秀案例集中湖北有3个：劲牌集团、华山水产和东风小康汽车。

（四）增量

充分发挥省内外湖北商会和兄弟省市工商联交流合作机制优势，大力服务市县政府招商引资，努力增加湖北民营市场主体数量和经济总量。省委、省政府、省政协组织举办的2012年的"民企携手湖北共促中部崛起"和"全国政协委员和民营企业家携手助推大别山经济社会发展"、2013年的"楚商大会"以及长三角、珠三角多次经济交流活动，湖北省工商联推动建立的"中部四省工商联合作机制"（会员互惠服务、协同招商引资、商会合作交流），为招商引资工作进一步广泛开展奠定了重要基础。

民营企业反映的主要困难和问题

（一）融资难

融资难可细分为贷款难、贷款贵、借款险三种情况。贷款难，据调查，2013年，仙桃市有中小微企业近6000家，其中规模以上企业430家，融资需求大约150亿元，有效融资27亿元，占比约18%。贷款贵，银行放款看三品，即"人品、产品、押品"，且贷款要抵押、抵押要评估、评估要收费，评估费率与押品价值成反比，小微企业押品价值低则费率高；且贷款要担保，担保又是一把双刃剑，既促进贷款，又增加贷款成本。多地调研反映：小微企业信贷成本包括正常利息、扣留保证金、抵押评估费用、担保费用等贷款综合成本高达15%—30%。借款险，有的企业从银行借不到款，只好找民间借贷，目前，民间借贷持续呈现高利趋势，有的困难企业因为借高利贷更加困难的现象令人痛心。中小生产型企业普遍反映，融资成本大大超过企业利润率，不敢贷款，抑制了企业发展和实体经济发展积极性。

（二）人才缺

调研分析，2013年度湖北百强民营企业中58%的企业反映人才缺乏、59%的企业存在技术瓶颈、25%的企业认为管理水平不够、27%的企业市场开发能力弱都与人才缺乏有关。中小微企业普遍反映人才缺乏、培训不足，制约企业技术创新、转型升级。

（三）用工难

劳动密集型企业是用工大户，但这类企业产品附加值低、融资成本高、经营效益低，劳动力红利减退，依靠较低的劳动力成本维系企业运转发展的时期过去，不大幅提高报酬难招人、留人，大幅提高报酬又超过企业承担能力。

（四）办事难

企业服务环境整体转好变优，办事难程度从上至下从省直部门到市到县逐级好转。虽好转，但仍然难。办事难原因：一是有的市县企业不熟悉办事程序不善于与省级部门打交道；二是有的行政服务中心授权不够，有的事项难以办结；三是有的审批事项省级部门对基层授权不够、对企业要求理解不够，单一事项积压到集中办理，延长办结时间。

民营经济发展对策建议

（一）多法并举缓解民营企业融资难题

1. 国有商业银行加大中小企业融资服务力度。2013年7月15日，全国小微企业金融服务电视电话会议要求，国有商业银行要为小微企业金融服务单列信贷计划，按照"两个不低于"（贷款增速不低于各项贷款平均水平，贷款增量不低于上年同期水平）的要求，落实小微企业贷款业务；要求银监会加强"两个不低于"的考核措施，不仅要考核贷款比例，还要考核小微企业贷款覆盖率、服务覆盖率和申贷获得率。建议省政府金融办加强督办落实。

2. 放宽小额贷款公司经营许可。目前，小额贷款公司，每县一家，企业反映贷款费率过高并有垄断倾向，应逐步放开经营，形成服务竞争态势，以利于优化信贷服务，降低信贷成本。建议加强担保公司行为监管，引导国家和混合所有制保险机构参与中小企业信贷担保业务，提升担保能力、规范担保行为，促进企业融资。

3. 建立政策性担保机制，支持中小企业技术创新融资。建议对获得科技成果奖励的产业化融资项目由政府提供政策性资金担保，助力破解中小企业技术创新融资难题，促进科技成果转化为生产力。

4. 建立中小企业信用体系防控融资风险。防控信贷风险，最重要的是防范信用风险。建议建立企业信用档案和公民信用档案，利用信用杠杆打通融资瓶颈。促进建立银行信用制度，提供信用产品和信用贷款；促进建立企业信用制度，提供信用报告开展信用评级；促进建立社会信用制度，引导信用消费与信用合作。政府组织开展信用评价，优化信用环境，引导全社会共同努力利用信用杠杆突破贷款必须抵押担保的单一信贷模式。

（二）加强民营企业人才队伍建设

1. 建设三支队伍：即企业家人才队伍、企业管理人才队伍、企业员工人才队伍。开展企业家人才培训，提升理想信念、企业管理、企业责任；开展企业管理人才培训，提升政策知晓水平与政府部门联系能力；开展企业员工人才队伍培训，提升岗位技能，培养工人技师。建议分省市县三级分别对规模以上企业人才每年培训一次。建议由省人社厅牵头，省经信委、省工商联配合实施。

2. 选择民营企业作为党政机关干部培养锻炼基地。要求党政干部包括党政领导干部深入企业、了解企业、理解企业、增强为企业服务观念，把"产业第一、企业家老大"由领导意识理念转变成全体公务员的共同意识与服务行动。建议省直机关公务员到企业当一天普通工人；建议新提拔干部到企业锻炼；建议没有企业经历的公务员补上企业实践这一课。

3. 重视民营企业管理人员的专业技术职称评定和工人技术等级评定。授权省工商联配合劳动人事部门开展"非公有制经济"领域的经济类、技术类高级职称评定，激励民营企业技术人员和技术工人热爱岗位，钻研业务、技术创新的积极性。

4. 拓宽经济技术人才进出民营企业的通道。建议允许国家机关人员离职或停薪留职到民营企业就业、创业；建议面向并定向从民营企业人员中招录国家机关工作人员。

（三）加快发展混合所有制经济，促进提高民营经济发展效率

关于混合所有制企业健康发展，湖北有许多好的案例：东风小康汽车有限公司、湖北福星科技股份有限公司、湖北华烁科技股份有限公司、枝江酒业、枭龙汽车、中加科技城等。实践表明，发展混合所有制企业有利于发挥国有资本的经济发展和促进经济发展双重功能，有利于发挥其经济杠杆作用，促进民营经济健康发展。有利于促进民营企业建立现代企业制度，优化企业产权结构，规范企业管理，提升企业信誉、经济实力、发展动力和社会影响力。

建议，以发展混合所有制经济为题，采取放开准入与引导进入相结合方式，支持有条件的国有企业和民营企业携手构建混合所有制企业，发展混合所有制经济，迅速出台《积极发展混合所有制经济的实施意见》。总结前期试点经验，开展新的试点。一方面，吸收民间资本以参股方式投资省属国有企业，进入铁路、公路、电力、城建等基础设施产业，促进国有企业做大做强；另一方面，以国有资本参股投资民营企业方式，促进民营经济健康发展，促进科技成果转化为生产力。例如，以国有资本参股投资方式支持阳光凯迪发展，壮大生物质能产业，扩大植物油品生产能力。

建议省政府授权省工商联，对《湖北民营经济53条》贯彻落实情况，从放宽市场准入、改进政府服务、优化发展环境三方面开展一次专项调研评估。

2014年4月22日

管好保障房　放开房市场

住房，具有三种功能。作为用品功能，它是人们日常生活的必需品；作为商品功能，它是人们逐利投资的热点；作为储蓄功能，它是人们资产保值增值的选择。

近年来，在住房问题上，因为房价偏离价值，因为开发经营住房利益高企，出现需要住房者买不起住房与不需要住房者热烈炒房的逆反现象；出现保障性住房不足与已购商品房闲置并存现象；出现"房奴"背负还债重压与"房叔房姐"轻松赚钱的不均现象；出现"政府坚持搞好房地产市场调控不动摇、遏制了房价过快上涨势头"与"百姓仍称房价越调越高"的不同评价；出现住房建设成本不断上升、政府保障房建设能力不足的工作难题。

迄今为止，我国没有形成完善的国民基本住房保障制度，没有实现政府和民众共同认可的房地产市场调控目标。

究其原因：

其一，重视住房是我国民族传统，"人以居为安"与"民以食为天"同等重要，人们为拥有住房可以节衣缩食、终生为之奋斗甚至几代人接力奋斗，住房刚性需求旺盛。

其二，由于城乡之间基础设施、公共服务、社会保障条件的差异，以住房安身立市，提升个人及家庭保障待遇，也是推高大城市特别是中心大城市房价的重要因素。

其三，日益剧增的农民工和大中专毕业生会聚城市，直接推动租房市场、间接推动购房市场火爆。

其四，"住房"是家事也是国事，国家高度重视国民基本住房保障，但是，具体行政行为以限购、限贷、限价等计划经济办法调控市场经济的房价，收效甚微。

围绕优化住房保障与住房市场意识与行为，笔者提出如下建议：

保障刚性需求。全面建成小康社会呼唤国民基本住房保障，以配租、配售、提供租赁补贴等方式为住房困难者提供基本住房保障，并为保障房建设提供资源配置保障。建议国家开展国民住房普查登记，在摸清家底的基础上尽快以法律法规形式确立国家基本住房保障制度，通过"更好地发挥政府作用"，保障国民基本住房。

放开市场。放开限售、限贷、限价监管，让商品房投资、开发、经营行为按照"市场在资源配置中起决定性作用"规律运行，按照市场规则、市场价格、市场竞争调节，实行独立的房地产价格评估指导制度，让放大了的房地产商品功能、保值增值功能按照价值规律回归正常状态。

增加供给。鼓励以农村个人合作、城镇单位合作、企业和员工利益共同体方式建设保障性住房，缓解中低收入人群特别是职工人群的住房困难和政府保障压力。

税收调节。征收房产交易税、不使用房产税和租金收入调节税，建立稳定的抑制投机购房的长效机制。

城乡统筹。城乡人口身份随着市场经济发展正在变得模糊，约占全国总人口1/5的"城乡两栖人口"在农村空房、在城镇无房的现象必须引起高度重视。建议：探索符合城镇居民条件的进城进镇农民允许以农村住房和宅基地置换城镇保障房的改革路径，帮助其由农民转变为城镇居民，并按照占补平衡的要求，统筹使用、节约使用城乡住房用地。

科学建设。通过推进住房建设标准化，特别是标准化厨房、厕所、太阳能屋面等，提高住房节能、环保性能；通过工厂标准化生产与现场个性化安装相结合的住房建设方法，优化住房结构，降低住房造价；通过大力发展中小城市和建制镇，承接大城市产能转移和农村人口城镇化转移双重重任，分担大城市人口膨胀和住房保障双重压力。

我们相信，"安得广厦千万间，大庇天下寒士俱欢颜"的千年期盼，通过我们这一代人的共同努力，一定能够变成美好现实。

（原载于《中国经济社会论坛》2014年第12期）

用法治力量促进民营经济健康发展

改革开放以来，我国民营经济从萌芽生长到蓬勃发展，成为社会主义市场经济的重要组成部分，成为推动国家经济社会发展的重要力量。连续35年，我国民营经济发展速度高于GDP增长速度；当前，其增加值占GDP总量比重过半。

我国民营经济发展较快，但还没有完全摆脱自发生长的草根气息，没有完全走上法治化发展轨道，当今，存在以下问题：

在政策法规方面，虽然出台了一系列关于鼓励支持引导民营经济发展的政策文件，但是，上升到法律法规层面的较少。

在政府行为方面，有的地方受GDP考核大棒指挥，重视经济发展速度而忽视发展质量，放松对环境污染、资源浪费、重复建设的监管；有的地方为了招商引资，靠廉价甚至零地价优惠政策吸引投资项目落户等顽固性做法屡禁不止，违背了市场经济价值规律和市场主体公平竞争规则，积累了地方债务和社会矛盾。

在市场主体地位方面，如企业信用、行业准入、项目许可、参与政府采购、接受公共服务等，民营企业与国有企业还不同程度地存在差别。

在市场主体行为方面，忽视环境保护和安全生产，以假冒伪劣商品扰乱市场秩序的现象时有发生。

在从业人员行为方面，少数不法分子不诚信守法，参与官商勾结、权钱交易、商业贿赂等行为伤害了非公有制经济人士形象。

还有，中小微企业普遍存在"融资难、办事难、管理差"等老问题，实体经济发展积极性不高和务虚急利的资本浮躁新现象，有的企业法人代表"失信、失联、跑路"的非正常行为，有的投资人"信权、信人、信钱，不信法"的陋习和"小富即安、大富不安"的隐忧，应引起高度重视。

围绕依法推进民营经济健康发展，提出如下建议：

第一，出台商业行为法，规范市场竞争秩序和商品交易行为

以公平、开放、透明的市场规则明确市场主体的权利、责任与义务；以法治实现各类市场主体"权利平等、机会平等、规则平等"；以法治促进诚信经营，防治假冒伪劣商品污染市场，让消费者放心市场消费，特别是网上购物与食品安全。

第二，依法行政并科学评价经济发展绩效

重在科学考核官员任期目标责任，依法简政放权；重在纾缓地方政府GDP竞争排名压力，规范区域经济竞争发展行为。从指标压力、比较压力、发展压力等压力性思维转向"要指标不要压指标、要比较不要盲目攀比、要发展不要污染环境的发展"的科学指南。

第三，通过信用服务、信用监管与信用自觉全面加强市场主体信用建设

建立央行主导的信贷征信与专业机构征信、行业合作征信相结合的一体多元的征信服务体系，建立真实透明的、可查询可监管的中国市场主体信用档案系统，以信用为要义奠定市场主体法治行为基础，发展征信服务产业，破解信用融资难题，防范失信行为风险。

第四，建立企业规则辅导机制

企业规则是加强企业法治建设的首要。科学的企业规则，有利于协调各方利益、规范企业行为，有利于激发企业活力、纾解企业张力、形成企业引力，引导企业健康发展。建议国家建立现代企业制度辅导机制，要求大型企业并帮助中小企业建立、改善企业规则，整体提升中国企业管理水平。

第五，加强产品标准管理

标准是技术法规，是管产品的"法律"。用产品标准管理产品质量，堵住假冒伪劣产品进入市场通道并追查产品质量问题，防范产品质量安全事故。

第六，共建法治文化与商业文明

强化企业法治行为，以法治信仰医治道德失范、信用缺失、法治观念淡漠等疾病；强化政府法治行为，建立清廉守正的制度防线、纪律防线、道德防线，阻断寻租腐败链条；联动开展法治文化进企业、进政府、进社会活动，在打破市场准入和政务活动中存在的"玻璃门、弹簧门、旋转门"的同时，清除权钱交易门、商业贿赂门、不法关系门，倡导社会主义市场经济行为美。

（原载于《世纪行》2015年第3期）

关于坚持与完善农业基本经济制度的调查报告

1978年开始的家庭联产承包责任制，1982年开始全面推行的以家庭联产承包为主的责任制、统分结合的双层经营体制是我国重大的农业基本经济制度，极大地调动了农民生产积极性，解放了农业生产力，30多年来，为促进农民增收、农业经济发展、农村面貌改善发挥了重大作用，当前，仍然是适应我国国情的好的经济形式，必须坚持。

当前，如何在"解放农业生产力"的前提下进一步"发展农业生产力"是一个重大课题。围绕这一课题，我约请湖北省政协常委绍元州同志和湖北省委农办机关党委副书记徐建军同志，到湖北孝感市、黄冈市、天门市、孝南区、云梦县、武穴市、汉川市7个县市的乡、镇、村以及农业企业和农民专业合作社作了一次较深入、较广泛的调研，重点结合湖北情况、分析安徽、江苏、广东等地的资料，发现一些必须深入研究、改革完善的问题。

承包地、怎样包，须从37年前后两个时间维度、从自然农业和现代农业两个客观实际科学认识这一问题

调查发现，以家庭为单位承包经营的耕地面积窄小、分散，障碍集约利用、规模经营。例如，一个平原村，有人口1285人，共有耕地

1313亩。除村集体留用9亩（分成2块）外，1304亩分成1454块（平均每块面积为0.89亩），分配给279户家庭，户均耕地4.67亩分为5块。最典型的1户8亩耕地分为13块，平均每块面积为0.62亩。这不是个案，是中国农村较普遍的现象。

这样的土地现状，与37年前以手工劳动为主、靠天收为主的农业生产水平是相适应的，当今，我们发展现代农业，必须认识其现实不合理性：如此分散的土地地块被紊乱的田埂、沟渠、道路分割，增加了耕种成本、降低了生产效率；如此分散的土地和分散的种植经营思维，怎么推行机械化、实现集约化，步入现代化？必须科学施策，解决承包耕地到户"分散化、碎片化"问题。

怎么统、怎么分，怎样实行统分结合的双层经营体制，须站在发挥社会主义市场经济优势的高度认识这一问题

调查发现，很多人只知道家庭承包经营责任制，不知道统分结合的双层经营体制；只知道"分田到户"，不知道"分田到户"的同时，还要保留部分集体使用土地；只知道家庭是基本的生产经营单位，不知道农业生产经营分为家庭和集体两个层次；只知道"分"，不知道"统"，不知道"统"和"分"是相互依存、相互促进、共同发展的关系。以至于一些地方，"分"之过度，土地、资产基本分光；"统"之不足，集体经济能力低下（据某省调查资料，村级债务均值为21.8万元）。

发展社会主义市场经济，必须发挥社会主义集中力量办大事和市场经济高效配置资源双重优势，必须坚持农业家庭经济与集体经济等多种经济形态共同发展才有利于在解放农业生产力的基础上进一步发

展农业生产力。调查发现，凡是村集体经济坚持发展较好的地方，村民公共福利、救助帮扶工作做得较好，村民感恩党和国家、感恩社会主义市场经济制度而不是单纯的市场经济制度的意识较强。

种什么、怎么种，围绕帮助农民能种好田、能提高效益，为农服务体系还需要认真补课

调查发现，因为农业比较效益低，影响农民种植生产积极性。为什么亿万之众的农民把种田当副业，以出外打工为主业？人们常说的"种田只能保饭碗、要靠进城谋发展""打一年工顶干三年农活""哪怕在工地上搬砖也比种田强""61（儿童）99（老人）部队留守种田、青壮年努力跳农门"等言论令人深思，一些地方出现的不是精耕细作，而是简种薄收甚至荒田的现象令人心痛。因为农产品市场信息、农业新品种新技术新服务难以到达大多数农户，因为"6199"部队农业种植知识技能有限，制约了农业生产效率效益提升。

还有，为什么国内主要农产品价格高于进口价格？为什么农业生产成本仍然处于上升趋势？为什么占一定比例的农户选择种植只撒种、不管理、靠天收的"懒庄稼"？为什么耕地受农药污染现象严重而土壤自净化能力下降的状况得不到扭转？等等，我们必须根除"包之大吉、放之任之"的麻痹思想，改变"放之过度、扶之不够"的工作现状，采取"放管并重、变革实策"的工作方法，在转变经济发展方式的同时转变经济服务方式，从为农服务体系入手认真补课，使中国农业现代化目标通过政策和工作措施具体化。

有关建议

（一）在坚持农村土地承包关系不变、承包数量不变的前提下适时调整农户承包土地连片集中

工作方法：按照土地整理规划、根据群众意愿，对以组、村、乡镇为单位以化零为整方式实行土地集中连片调整的，国家实行奖励补贴政策，提供土地整理和沟、渠、路配套建设资金，在维护农民土地承包经营权不变的前提下，变"我家几块小田"为"我家一块大田"，变"我家的田"为"我们的田"，变土地"分户分块分种"为"联户连片联种"，为农业机械化、规模化、现代化生产奠定基础。建议从"十三五"计划开始，利用10年时间，实施完成农业土地整理（包括综合开发、沃土计划）与农户承包地集中连片调整相结合的农业基础工作。

（二）健全土地"三权"责任制度

一是严格家庭承包经营土地使用权责任制度，重点防治土地抛荒等不良行为；二是建立村集体土地所有权责任制度，明确土地所有权人的权利与义务，重点防治承包土地不利用、不当利用行为；三是建立乡镇政府土地监管权责任制度，监督指导土地充分利用、合理利用。

（三）健全农业信息化管理系统

即建设全国农户基础信息系统、耕地种植利用监察系统、国内外农副产品市场信息系统和农业现代化发展规划。

（四）放宽采取联户承包经营方式承包农用土地

所谓"联户承包经营"就是几户家庭自愿共同组成承包方，共同承包经营土地。建议采取相应的激励政策：对于联户承包经营责任方承包的土地，在承包期内，不因为其中部分农户家庭"农转非"而相应减少承包地。

（五）大力加强农业生产能力建设

一是加强家庭农业生产能力建设。大力开展农业技能培训，培养"技术农民"和"农业技师"，实行农业种植职业资格制度，促进提升职业农民劳动技能价值和市场经济地位，促进务农光荣、务农致富。二是加强村集体经济发展能力建设，确立其在农业生产经营中的骨干地位。三是重视发挥上规模农业企业（农场）和农业（农机）专业合作社对于农业现代化的示范、引领和辐射作用，鼓励发展中外合资农业企业，支持中外农业技术交流合作，放开农业生产对外开放的步伐。

（六）提出"三坚持、三放开"研究事项

一是坚持家庭承包经营方式为主，放开以家庭承包经营权为股份的村集体合作化经营；二是坚持村集体经济组织成员承包经营为主，放开其他经济组织按照市场化机制参与农业土地租赁经营；三是坚持以土地所有权与使用权相分离的家庭承包经营方式为主，放开按照集体议事规则实行土地所有权与使用权相统一的集体生产经营。

2016年

重视县域经济发展　夯实国家全局经济发展基石

县域概念及区划，历经千年，基本稳定。县域具有"山共脉、水同源、地连片"的自然特征和依托资源集群发展经济社会事业的人文习惯；县域又是相对独立的城乡结合体和经济社会发展责任主体，是国家宏观发展战略与区域微观发展实践的重要节点。应大力促进县域经济健康发展，夯实国家全局经济发展基石。

充分发挥县级行政服务效能，切实加强国家粮食生产能力建设

建议在坚持实行基本农田保护制度的基础上，特别实行基本粮田保护制度；在坚持加强基本农田建设的基础上，更高标准地加强基本粮田建设；在改革完善粮食收储制度的基础上建立实行粮食订单种植制度并辅助种粮信贷制度和种粮保险制度，让农民清晰种粮收益预期，促进提高种粮比较效益，调动种粮积极性。

粮食生产与储备，既是经济发展问题，也是社会保障问题，必须心中有底、手中有数，只有坚持市场行为和国家统筹两手抓，才能保障国家粮食安全、供求平衡、合理储备。

实行粮食订单种植制度，应统筹发挥政府与市场、集体与个体、农户与企业的共同作用，充分发挥县级行政服务效能，服务单独的农户、

分散的农田按照集约化、规模化、市场化方式参与粮食生产经营。

在切实"藏粮于地"的同时鼓励"藏粮于民"，在提高国家粮食储备能力的同时减轻政府粮食储备压力。

充分发挥地域优势，大力支持县域特色经济发展

资源开发、农副产品加工、传统产品生产是带共性的县域产业特征。其中，以关联地理、资源、人文特征的独特的地理标志产品为亮点，建议大力支持地理标志产品生产能力建设，服务与促进地理标志产品参与国内外市场交换。

通过发展县域特色经济，培育县域经济兴奋点，吸引人才、资本、技术、企业参与县域经济建设，提高县域经济活跃度、外向度与发展力。

充分发挥县域统筹能力，大力推进城乡一体化发展

一是统筹城乡基础教育发展，建议推广"初小不出村、联村办高小、初中进乡镇、高中进县城"的经验，优化办学格局；大力加强乡村基础教育信息化建设，让偏乡僻壤的学童通过优质视频课堂，接受良好教育。

二是统筹城乡医疗卫生服务，建议实行"村医乡派县管"，医生工资县级统筹发放，着力提升村级医疗、卫生、防疫、保健服务能力。

三是统筹城乡基础设施建设，改变建设投入重城镇、轻乡村的习惯做法，加强乡村规划、建设、管理、绿化、环保五位一体化工作和城乡一体化发展的意识与行动。

四是统筹城乡环境保护，要特别重视保护水资源环境，系统治理"河湖港汊"水体污染，切实保障农民生活和农业生产用水安全；特别重视发展循环经济，出台专项政策，大力推进垃圾无害化处理和资源化利用工作；特别重视城乡一体绿化，包括乡村"四旁"即村旁、房旁、路旁、渠旁绿化和城镇绿化面积落实到位；特别防止污染企业、报废机动车辆由城下乡转移，建议在实行区域空气质量监测制度的同时，建立水系水源质量监测制度。

重视发挥县域经济社会发展在国家全局发展中的特殊功能作用

县域产业发展应求"特"不求"全"，资源与环境宜开发则开发、宜保护则保护，应改变"县乡村层层工业化、层层开发区"的意识与行为。

建议根据资源禀赋条件，试点建设一批关系粮食安全、生态安全、资源安全的"多业发展、一业为主"的资源型、产能型特殊功能县，如粮食、棉花、油料基地县或森林、矿产资源县等，以集约化发展方式，提高县域发展效率与效益，以合理化分工布局，统筹国家经济社会健康发展。

（原载于《世纪行》2016年第3期）

以供给侧结构性改革为动力促进产业进步发展

供给与需求相辅相成相关联。供给侧结构性改革的要义是提高供给质量与效率。以需求导向供给，这是市场规律；以供给创造需求，这是创新作为。不断提升有效供给、高效供给能力，培育市场竞争的比较优势，是国家与地方、产业与企业的经济行为方向。

在经济全球化的大背景下争取市场竞争的比较优势，需要集合生产者、生产服务者、生产力促进者的共同智慧和力量。供给侧结构性改革是一剂良方，也是大课题、大文章，涉及面宽、关系因素多，但重在落实到产业并做好三件大事。

去产能，需要国家、行业与企业形成共识，重点解决好宏观要"去"与微观要"留"的问题

去产能是供给侧结构性改革工作难点，只有行业与企业、国家与地方想到一块，共同意识到"该去谁""怎么去"，变"要我去"为"我要去"，按经济规律办事，按环境要求办事，让市场配置资源起决定性作用，才能科学高效地推进。

去产能，要算好两本账，即行业账与企业账，以宏观行业产能与市场需求关系是否协调、微观企业产能是否具有比较优势为尺子度

量。因为不赚钱的企业难以持久，长期亏损的企业难以生存，相反，能赚钱、能生存的企业难以去除。

去产能，重在去落后产能，要科学评价，精准到户。

去产能需要辅助帮扶措施，帮助解难解困、扶持转型发展。

去产能的目的是促进清洁生产、高效生产，促进产业生产力水平整体提升。

加动能，促进传统产业建立新比较优势

一是制定产业振兴规划，促进陶瓷、丝绸、茶叶三大中国传统产业创新发展。我国是陶瓷和丝绸发源地、茶史起源地之一，千年以来，始终保持产能大国地位，但百年以来品牌优势地位逐渐减弱。例如，当今世界十大陶瓷品牌，少见中国身影，而"英法工艺结合"的陶瓷品牌Gien（日安），经过196年的发展，在国际陶瓷界"稳坐尊贵地位"。我们有条件有能力重塑中国精品名牌，但需要跨业界、大范围汇聚智慧和力量。

二是鼓励支持中国地理标志产品拓展国际市场。1915年，包括贵州茅台酒、信阳毛尖茶、云梦鱼面等在内的10多万种中国地理标志产品在巴拿马万国博览会上共获奖章1218枚，为各国获奖之冠，受到国际市场欢迎，这些产品及其背后的产业是中华民族产业的基石，需要传承、创新、进步、发展，适应国内外消费者日益增长、不断升级的新需求。

三是革新传统工艺，提高生产水平。湖北劲牌公司以现代技术改造传统工艺，创新实现白酒生产机械化、自动化、信息化、智能化，收到了节能、减排、省力、降耗、提质、增效六大功效，带了个好头，做出了示范。

重效能，以质量发展导向产业健康发展

"量效"与"质效"是产品、企业、产业发展的双重目标，在实现从用品短缺到商品丰富的供求关系转变之后，"以质取胜""以质增效"，已经形成商品经济竞争发展规律。推进供给侧结构性改革，应把质量发展放在更重要的位置。

一是贯彻落实国家《质量发展纲要》，持续开展质量教育活动，提升全民质量发展意识与行为，把精品名牌战略和工匠精神落实到劳动岗位。

二是制定产业质量发展规划，以重视共性技术推广应用为抓手，整体提升产业技术水平。

三是出台企业质量发展指导意见，鼓励创新发展个性技术，创造名优特新产品。要更加重视标准化品牌化工作，以工艺标准促进清洁生产、效能生产，以产品标准明晰产品"履历表""身份证"，以标准化管理提高产品质量、夯实产业发展基础，以优质品牌提高"产品身价"、创造市场竞争比较优势。

质量兴国、质量兴业的口号已经叫响，重在变成大众意识与共同行为、变成经济健康发展实效。

2016年

以安居就业导向新型城镇化

　　城镇化对于提高国家经济社会发展水平、提高城乡居民生活质量意义重大。党和国家高度重视城镇化，从与工业化、信息化、农业现代化同步推进，到深入推进新型城镇化，"以人为本、四化同步、优化布局、生态文明、文化传承"的新型城镇化进程不断加快。

　　调查发现，已经进入城镇、希望落户城镇的农村人口是城镇化的主动力。他们认为：眼界，"在城里比在老家开阔"；就业，"还是城里机会多，只要勤快，就不怕没活干"；收入，"打一年工顶干三年农活"；困惑，"住在哪儿？收入的一半不够交房租"；计划，"年轻进城打拼，干不动了回家养老"；梦想，"如果我们也能变成城里人，那就是最大的幸福"。他们的经历分为流动进城生活、城乡两栖生活、举家进城生活和定居城市生活四个阶段，他们当中每年大约有5%的人能进入第四阶段，由农民转变为市民。

　　调查发现，在乡务农的农民特别是城郊农民也希望跟上城镇化步伐。他们认为：农村土地升值，农民负担减轻，收入增加，有房住、不失业，"过去盼望农转非，现在体会农家乐"。他们希望"就地城镇化"，有机械化的农业生产、乡里人的生活方式、城里人的社会服务、城镇功能的农村社区，成为"住在城里的种田人"。

　　调查发现，在涉及人口城镇化的诸多因素中，人们最关注就业与住房。推进新型城镇化，重在以人为本，以安居与就业导向农村人口移居城镇。为此建议：

（一）以安居导向城镇化，重点帮助农村进城人口获得基本住房

一是适时出台基本住房保障制度。以国家力量帮助住房弱势群体，建立鼓励居民自购自用性住房、允许企业自建保障性职工住房与政府为贫困人口提供保障性租房相结合的基本住房保障体系，保障城镇居民特别是新居民的基本住房需求。出台用地新规，降低基本住房建设成本；支持农民以农村宅基地使用权置换集镇划拨土地使用权、按照城镇规划联建统建自用性住房，实现就近城镇化。

二是建立城镇居民住房公积金制度。制订《个人自愿缴存使用住房公积金管理办法》，继职工住房公积金制度之后，建立城镇居民住房公积金制度，提高全体城镇人口住房储蓄能力、购买能力。

三是伴随新型城镇化推进住房建设现代化。大力推进住房建设无黏土、钢结构、标准化，以住房建设技术进步激活钢铁建材利用，降低住房造价，提高建设水平。

（二）以就业导向城镇化，重点提升中小城市和集镇吸纳农业转移人口就业能力

一是推进产业兴城。引导大城市产业和农村人口向中小城市联动转移落户，分担大城市人口膨胀和住房保障压力，拓宽农村人口进城就业渠道。引导并激励生产型、排放型、大型企业走出大城市，以产业兴城导向新型中小城市兴建、发展。我国汽车城十堰市、日本汽车城丰田市、美国航空城威奇塔市等都是现代产业兴城的成功案例。

二是推进产业兴镇。激励有条件的地方迁村腾地、联村建镇，建设土地集约化经营、农业机械化生产、人口城镇化居住的农业新镇；支持有一定规模并有资源开发、地理标志产品或传统特色产品生产能力的产

业新村，带动周边农村发展成为农工商相结合的特色产业新镇。

（三）以劳动力资源开发促进城镇化，重点帮助大中专毕业生和农村转移人口提升职业技能

一是催生创业者。加强职业教育和创业辅导，帮助大中专毕业生提升创业就业能力。

二是培训劳动者。加强农业转移人口职业技能训练，重点支持企业特别是劳动力密集型企业招工培训、用工培训、人才培训，建设现代企业人才队伍。

我国人口城镇化任重道远，必须做好就业与安居两篇大文章，科学客观地把握进程与节奏，警惕城镇化率与就业压力正相关上升。

（原载于《中国经济社会发展论坛》2017年第7期；

《湖北政协》2017年第3期）

以提升贫困农户基本生产能力方式巩固脱贫成果

近年来，随着扶贫攻坚深入开展，各地扶贫方式多样，脱贫绩效显著。巩固脱贫成果，保障绝大多数脱贫户不再返贫，上升为必须深入思考的问题。以提升贫困农户基本生产能力方式巩固脱贫成果，至关重要。

有三个案例，提供了经验做法。

第一个案例，"生态林有人种，贫困户有钱赚"的山区模式

《半月谈》报道，山西岚县，采取政府购买服务方式造林与扶贫攻坚造林专业合作社造林相结合的新机制，让社会收获了生态效益，农民得到了真金白银。他们的做法是："退耕还林脱贫一批、生态治理脱贫一批、生态保护脱贫一批、干果经济林管理脱贫一批、林业产业脱贫一批"，以兴林方式"全方位提升贫困群众收入"。

第二个案例，"田头坐教授，农民家底厚"的平原模式

南京农业大学常熟新农村发展研究院派出"田头教授"，指导农民"量身定制黄金小玉米生产技术规程"，指导大棚黄瓜防病，为农业合作企业定制培养和专门孵化人才，帮助农民获得"致富百科全书"，为农业产业扶贫提供了有益借鉴。

第三个案例，"村企合作，小龙虾做成大产业"的湖区模式

湖北潜江熊口镇赵脑村与华山水产食品有限公司共同推进"农工

商种养加一体化"，构建涉农企业与农户经济利益共同体，实行"村企合作、土地流转、种养承包、虾稻共作、利益共享"，特别为贫困户免费提供虾苗、担保贷款、农机农技服务，通过三年努力，帮助58个贫困户彻底脱贫，全村人均年收入由不足万元提高到1.9万元。当前，潜江全市虾稻综合种养面积50多万亩，带动就业10多万人，帮助2万多人实现脱贫。

实践证明，结合当地土地资源，以发展特色农业经济方式扶贫，对于贫困人口当前脱贫，不再返贫，作用重大。建议从提升贫困地区、贫困农户农业生产能力入手加大扶贫工作力度，为扶贫工作及绩效"打基础、管长远"。

具体建议如下：

第一，大力支持贫困地区高标准建设基本农田和地理标志产品种植基地

支持贫困县建设"万亩高标准农田"，示范"种什么、怎么种"，促进区域提高种植效益；支持贫困县建设"万亩养殖基地"，示范科学养殖并提高养殖收益；支持贫困县建设"万亩山坡高效种植基地"，促进地理标志产品，如大别山地区的信阳毛尖茶、金寨高山米、罗田板栗等高效种植生产，发展特色经济，明晰致富希望之路。

第二，更加重视科教扶贫

大力加强农业人才培养、农户实用技术培训，充分发挥农业科研院所作用，促进农科教紧密结合，让更多的"田头教授"指导农民种好田地、育好山林，让贫困农业地区、贫困农民跟上农业现代化步伐。

第三，大力实施搬迁式扶贫，有计划有步骤地降低人口山区居住率

在地震带、不稳定山体地带、交通条件难以改善地带等不适合人类生产生活的地区，大力实施搬迁扶贫，以社会保障、培训培养、招工扶贫等综合方式转移山区人口进入城镇，以林场职工方式安置留居兴林人口，对移民搬迁后的山区林地实行公有制或混合所有制经济组织管理，提升集约绿化利用效率。

国家推进城镇化、布局现代化，必须把降低人口山区居住率纳入经济社会发展规划，以专项政策和措施，重点帮扶贫困人口走出深山、移居城镇。

第四，支持、引导贫困农户以土地入股参加农民专业合作社，提高贫困户与非贫困户互助共济能力

在稳定家庭土地承包关系的前提下促进耕地集约化利用、规模化种植、机械化生产、现代化管理、合作化经营，对吸收贫困户参加的农民专业合作社，辅助扶持政策，促进贫困户在新集体经济组织中受益，切实感受到"家有当家田，不再愁温饱"，"进入合作社，望见致富路"。

（原载于《湖北政协》2017年第9期）

关于推进新型城镇化的十一条建议

推进新型城镇化，对于提高国家经济社会发展效率、提高总体人口生活质量意义重大；推进新型城镇化，有政府和人民两个方面的积极性，发展进程加快。

调查发现，农村籍大中专毕业生留城创业、已经进入城镇的农民工希望落户城镇、农村致富人员举家进入城镇构成城镇化的主动力；在乡稳定务农的农民特别是城郊农民希望跟上城镇化步伐，希望"就地城镇化"，建设城镇功能的农村社区，成为"住在城里的种田人"。

调查发现，城镇化建设出现了一些可喜的新现象，例如，房顶太阳能热水、发电，"房顶花园""房顶菜园"等建筑物空间绿化及非耕地种植利用，一些地方利用城市建设资金异地开发河滩或山丘耕地资源等做法，为新型城镇化，为提高住房建设水平和使用功能、开发建设用地、高效利用非耕地拓宽了新视野，启迪了新思维：城镇化需要用地，但也可以造地，耕地占补平衡方式可以多样化。

推进新型城镇化，既要把握大局中心，又要体察大众需求；既要遵循历史规律，又要注重当今创新。

为此，提出如下建议：

（一）确立基本住房保障制度

关于基本住房保障立法，国家高度重视，中央政府已于2014年3月公开发布《城镇住房保障条例（征求意见稿）》，建议尽快决策、适时出台。建议建立鼓励居民自购自用性住房（个人房）、允许企业自建保障性职工住房（企业房）与政府为贫困人口提供保障性租房（政府房）相结合的基本住房保障体系，保障城镇居民特别是新居民的基本住房需求。实践证明，租住型政府房有利国有资产保值增值，服务多个保障对象，保障服务效率更高；成本型企业房有利产业工人基本生活保障，稳定企业职工队伍，分担国家基本住房保障压力，激励实体经济发展。

（二）建立城镇居民住房公积金制度

建议推广武汉等城市的做法与经验，出台《个人自愿缴存使用住房公积金管理办法》，继公务员和职工住房公积金制度之后，建立城镇居民住房公积金制度，提高全体城镇人口住房储蓄能力和购买能力。建议对个人以工资性收入支付基本住房贷款月供部分实行工资税优惠减免政策。

（三）出台用地新规，降低基本住房建设成本，总量节约住房建设用地

一是根据人口增量和保障人数单列城镇基本住房建设用地计划和划拨使用土地规模。二是支持农民以农村宅基地使用权置换集镇划拨土地使用权、按照城镇规划联建统建自用性住房，实现就近城镇化。三是做好农民进城后退出的农村宅基地跟踪还田工作，城乡联动保障住房建设用地只减不增，农业用地只增不减。

（四）激励城市建设资金投入开发复垦耕地

一是改变以基本农田保护区限制城镇发展的机械式做法，在保证

耕地数量不减、质量提升的前提下，激励以城镇建设资金异地投资复垦耕地，并以异地增减挂钩的办法调节城镇建设用地计划。二是高度重视山坡、河滩耕地资源开发利用。建议评价推广湖北汉川市国土资源局结合"耕地占补平衡复垦项目"高效开发利用汉北河河滩（已试点开发耕地450亩，可复垦耕地5万亩，可保障耕种时间10个月/年，复垦达标地形成河滩农场，粮食种植单产不低于附近耕地），其质量达到《湖北省土地开发复垦整理验收办法及标准》的试点做法，建议国土资源部、农业部、水利部、住建部开展一次联合调研，探索城乡结合、垦用挂钩、吸引城市建设资本开发利用山坡、河滩耕地资源的新路。在坚守基本农田"耕地红线"的同时延展河滩可利用"耕地蓝线"和山坡可利用"耕地绿线"。

（五）激励建筑造地和非耕地种植利用

建议结合推进新型城镇化、建设"海绵城市"，试点发展"都市农业"，试点建设"绿色集镇"，鼓励、支持、指导"墙体绿化""房顶绿地""房顶花园""房顶菜园""房顶农场""房顶或室内无土栽培"，以及利用单位土地面积上的多层建筑空间发展"工厂化农业生产"等绿色生产生活方式健康发展，拓宽非耕地种植利用、生活垃圾肥料化利用等循环经济发展新路。

（六）激励大城市带动发展同城化功能的城市群，建设郊区新社区

鼓励大城带小城、城城合作、城乡合作、市区与郊区合作、产能转移和劳务提供相结合等方式，助力大城市产业和人口跨区域布局转移，延伸城市服务功能，降低产业发展成本。

（七）伴随新型城镇化推进住房建设现代化

大力推进住房建设无黏土、钢结构、装配式、标准化，以住房建设技术进步降低住房造价，提高建设水平；并促进钢铁建材使用、更

大范围替代"秦砖汉瓦",减少耕地毁损和环境污染;并激励利用建筑物表面,将太阳能转换为电能、热能、光能利用的意识与行为。

(八)推进产业兴城,激励企业下乡、促进人口进城

引导大城市产业和农村人口向中小城市联动转移落户,分担大城市人口膨胀和住房保障压力,拓宽农业人口进城就业渠道。引导并激励生产型、排放型、大型企业走出大城市,走向中小城市,以产业兴城导向新型中小城市兴建、发展。以激励政策支持企业将企业下乡空出的城市土地转型开发经营利用。

(九)推进产业兴镇

激励有条件的地方迁村腾地、联村建镇,建设土地集约化经营、农业机械化生产、人口城镇化居住的农业新镇;支持有一定规模并有资源开发、农副产品加工、地理标志产品或传统特色产品生产能力的产业新村带动周边农村发展成为农工商相结合的特色产业新镇。明晰政策措施和工作措施,对建设农业新镇和特色产业新镇从规划建设指导和基础设施投入方面给予扶持。

(十)帮助大中专毕业生和农业转移人口提升职业技能

加强职业教育和创业辅导,帮助大中专毕业生提升创业就业能力;加强农业转移人口职业技能训练,支持企业特别是劳动密集型企业招工培训、用工培训、人才培训,建设现代企业职工人才队伍。

(十一)预防过热式过激式城镇化

科学客观地把握进程与节奏,在推进人口城镇化的同时,预防城镇化率与就业压力正相关上升。

2017年

概　述

关于民营企业，多年以来存在两种表述方式：一说为民营企业，另一说为非公有制企业。前者多为民间语言，后者多为官方语言。一般情况下，民营企业与民营经济搭配使用，非公有制企业与非公有制经济搭配使用。到底哪一种说法更好？一直存在争论：一说认为，民营企业与民营经济已经广泛流行、通俗易懂；另一说认为，非公有制企业和非公有制经济表述更为准确、规范。

2017年，"支持民营企业发展"写入中共十九大报告。民营企业的提法写入党的报告是第一次，"民营企业"和"非公有制经济"在党的报告中同时出现也是第一次。这有利于民营企业和非公有制经济的发展，有利于民营企业发展形式更加多样化、更有活力、更有效率，并为企业资产所有权与经营权分离留出了深化改革的空间。

当前，关于企业所有制及经营方式主要有四种：国有国营、集体所有集体经营、民有民营、混合所有由控股者经营，国有民营以及集体所有个人承包经营的案例渐少。随着改革开放不断深入，企业演变、进化、发展的大趋势是逐步淡化企业所有制身份，展示在市场经济和社会公众面前的就是企业。但在社会主义初级阶段，对不同所有制类型的企业实行分类管理策略仍然是必要的。

民营企业形态多种多样，几乎包括除了国有国营、集体所有集体经营的企业之外的所有企业群体。有人认为"个体工商户也是企业"，"农民专业合作社也是企业"，以及外资企业、民间资本控股的股份制企业和以民营机制运行的混合所有制企业等都属于民营企业的范畴。

民营企业产生的途径多种多样：由创业者直接注册登记、个体工商户长大转变、乡镇企业或集体企业转制、中小型国有企业股份制改制等方式形成。

"民营"，究其词义解释，只是指经营方式，但其实际含义，不仅指其经营方式，而且泛指资产所有制。有人把民营企业称为"民有企业""民间企业"，有其道理，但应用不普遍，未形成流行语言。

民营企业的作用与地位，与其他类型企业一样，是社会肌体的活力细胞、经济发展的动力源、技术进步的推进器、经济社会资源配置器，是社会公器，从深度和广度上关联人们生产和生活，关联人类经济社会发展。

关于民营企业意识与行为的研究，包括企业责任、企业规则、企业诚信、企业正气等方面，本书收入部分文章，努力加以阐述。

关于企业责任

最具特色的美国企业责任观：强调股东价值、注重公司市值。认为企业"首要的责任是从事其经济任务——制造产品，提供服务，创造利润。"

最具特色的日本企业责任观：强调回报利益相关者。认为企业应该考虑全体利益相关者的权益，企业在获取商业活动利益的同时应公平回报商业活动的损益，并通过回报商业活动的损益赢得社会公众的信任，从而使企业获得更多更大更长久的商机。

最具特色的欧洲企业责任观：强调企业与环境协调发展。认为"企业责任是一种平衡意识"，希望在企业与环境之间找到一种平衡点。一批欧洲跨国公司强调企业环境责任不仅希望赢得商业辉煌，而且希望塑造"环境守护人"形象。

积极创导与实践的中国企业责任观：树立科学发展观，实施可持续发展战略，建立环境友好型、资源节约型社会，发展循环经济，推广清洁生产，建设小康社会，构建和谐社会，实践和追求"爱国、敬业、诚信、守法、贡献"的建设者精神，发扬"致富思源，富而思进，义利兼顾，以义为先，扶危济困，共同富裕"的光彩精神等都是对中国当代企业责任观的诠释。

企业责任至今虽然还没有一个统一并公认的定义，但是其内涵逐渐形成共识，应该是一种企业与人与社会与环境共同受益和谐发展的平衡意识与理智行为，应该是包括企业经济责任（对股东和员工负责）、企业社会责任（对利益相关者和社会公众负责）和企业环境责任（对生态和未来负责）在内的综合责任意识与行为，即"企业行为三重底线"。

湖北劲牌公司是全国范围内最早发布《企业社会责任报告》的民营企业之一，把履行企业社会责任作为企业修养、企业文化、企业价值观，作为企业行为哲学和处事准则，以企业全员认同、经得起历史考验、有利于企业健康发展为宗旨，收到和谐企业团队、科学发展企业、有益于小康社会建设等多重功效。

关于企业规则

1993年，中共十四届三中全会通过的《关于建立社会主义市场经济体制若干问题的决定》中明晰了国有企业现代企业制度的四个基本特征："产权清晰、权责明确、政企分开、管理科学"，不仅成功地引领了国有企业建立现代企业制度，而且也为民营企业建立现代企业制度提供了有益借鉴，为民营企业理顺资产关系、权责关系，科学管理企业并优化企业行为，提供了经验。

关于民营企业或民间资本控股的混合所有制企业的现代企业制度的基本要义，笔者建议，应该在四大特征的基础上有所加减，即"产权清晰、权责明确、管理科学、决策民主、富有效率、企业责任"。

企业所有权与经营权分开，企业家个人资产与企业资产分开，建立职工利益与企业利益共同体，是民营企业现代企业制度要义之义。

科学的企业规则有利于提升企业能力，包括科学管理能力、经济合作能力、技术创新能力、产品生产能力、市场竞争能力和健康发展能力。

笔者多次建议国家有关部门重视加强专项指导，引导、服务与促进民营企业建立现代企业制度，以现代的企业制度、科学的企业规则促进民营企业提升综合素质和健康发展能力。但不搞"一刀切""一阵风""一个版本"，重在切合实际，企业自觉，主动作为。

关于企业诚信

笔者认为，诚信是企业品格，因为企业是法人，也如人，应如人一样有品格。诚信是企业品牌，是企业信誉之基石、产品质量之保障、开拓市场之上策。诚信是企业责任，建议更多的企业发布《企业社会责任报告》，向社会昭示企业诚信和责任。诚信是企业生存之基、发展之要、竞争之力，是企业永葆青春活力的保健良方。

关于企业正气

笔者认为，报国的理想信念、现代的企业制度、坚定的企业诚信、光彩的社会责任是企业正气行为四要素。

企业正气是社会正气的重要表征，是企业调节自我、适应环境、抗邪防病、健康发展的精神力量，是医治道德失范、信用缺失、法制意识淡漠等疾病，建设企业"行为美"的保健良方。

"爱国、敬业、诚信、守法、贡献"，是形成共识的中国民营企业正气观，应该大力弘扬与倡导。

树立企业正气，必须坚定对中国特色社会主义的信念，对党和政府的信任、对企业发展的信心和对社会的信誉。树立企业正气，有利于民营企业健康发展、民营经济健康发展和民营经济人士健康成长。

就企业个体而言，市场竞争取胜必须树立企业正气；就企业群体而言，汇聚中国经济发展正能量必须汇聚企业正气。

2018年6月

用科学发展观引领民营企业做大做强

民营企业伴随市场经济产生，伴随市场竞争发展。民营企业是否具有不断挑战市场竞争的主观能动性，是否能够面向市场优质高效地配置经济资源，是否能够在激烈的竞争中不断提高企业素质发展壮大自己是做大做强的关键所在。

民营企业做大做强，应该树立科学发展观念，注重和谐发展行为

从树立和落实科学发展观来讲，一是要摒弃狭隘的小农经济意识、家庭经济意识、自然经济意识，拓宽面向大产业经营、面向大市场竞争、面向新领域发展的视野；二是要改变养家自富、小富即安的人生理念，树立产业报国、大有作为的人生价值观；三是要跳出家属、亲戚、朋友的用人小圈子，树立面向市场优选人才、借脑增智的用人观；四是要改变"稳步爬行"的习惯，具备跨越发展的胆略；五是要改变满足于"既无外债，又无内债"心安理得的思想，树立既注重自我资本积累，又注重社会资本积聚加速企业发展的意识；六是要改变只会经营产品，不会经营资本的原始经营方式，学会既会经营产品，又会经营资本的本领；七是要改变习惯于作坊式生产、传统办法管理的企业管理办法，加快建立现代企业制度、实施科学管理企业的步伐。

企业是经济发展目标的实现者，也是环境资源保护和社会利益维护的责任人。科学的企业发展观应该是企业与人、与社会、与自然的和谐发展，只顾经济发展的数量而不顾经济发展的质量，只顾企业自身利益而不顾环境和社会利益的企业不为环境和社会所接受，终究要遭淘汰。只有走科技含量高、经济效益好、资源消耗低、环境污染少、人力资源优势得到充分发挥的新型工业化发展道路，才能获得企业发展速度、效益和后劲同步增长；只有努力做到人与企业同步发展，靠资本参与分配者与靠劳动参与分配者同步发展，企业核心竞争力与产品竞争力同步发展，企业经济指标与环境保护指标同步发展，企业经济实力与社会贡献力同步发展，才是科学的、健康的企业发展之路。

民营企业做大做强，应该选择经济联合发展之路

从企业层面来看，努力做大做强，寻求经济联合发展之路，要处理好以下四个方面的关系：

一是正确处理资本积累与资本积聚的关系。民营企业要努力借外力优化产权结构和资本结构，不仅要善于自我积累资本，使剩余价值资本化，更要善于面向市场积聚资本，使企业资本扩大化；不仅要善于"赚钱发展"，而且要敢于"借钱发展"；不仅要会经营产品，而且要会营运资本，才能加快企业做大做强的步伐。

二是正确处理当主角与当配角的关系。从资本投资角度来看，拥有优势企业、优势产品的企业，应敢当主角，积极吸纳他人资本、利

用他人的资产发展自己的企业，发展自己的产品。从产品生产角度来看，主机生产厂把零配件生产转让给小型专业厂，抓大放小，有利于企业规模做得更大，效率效益更高；小产品生产厂或配件生产厂产品小、产量大，配套服务千万家，企业规模仍然可以做大，小中见大。咸宁的水砂布、孝感的胶粘带生产企业发展就是例证。

三是正确处理个体竞争与团队竞争的关系。市场经济是竞争经济，企业在竞争中生存，在竞争中发展。竞争的力量来自企业自身，也来自团队。依靠个体竞争力量提高企业专业化生产水平，依靠团队竞争力量提高企业集团整体实力。把企业个体做专做精与企业集团做大做强有机结合起来，按市场规律、价值规律、产业发展规律组织专业化生产、集团式管理、集约化经营，是做大做强的成功之路。

四是正确处理"引进来"与"走出去"的关系。民营企业在注重引进资金、技术、人才、管理的同时，还要注重"走出去"发展，着力发展外向型经济，努力参与国际经济合作，结交国际经济伙伴，利用国际经济资源，努力走出一条国际化营销、国际化生产、国际化资源配置的产业发展道路。

民营企业做大做强，需要改善外部发展环境

企业生长、发展需要土壤和环境。营造环境就是培育生产力，保护环境就是保护生产力，改善环境就是发展生产力。

一是要优化法制环境。倡导守法经商，诚实守信；用法制手段，下决心把"假、冒、伪、劣，坑、蒙、拐、骗"扫进历史垃圾堆，使市场经济向法制经济方向健康发展。

二是要优化舆论环境。积极宣传表彰"优秀民营企业""劳动模

范"和"优秀中国特色社会主义事业建设者",树立正面典型,形成正确的舆论导向,激励民营经济健康发展和非公有制经济代表人士健康成长,激励民营企业做大做强。

三是要优化人文环境。要弘扬重商、亲商文化,倡导便商、扶商行为;倡导"致富思源""投身光彩事业""关心弱势群体""鼓励一部分人先富起来""先富帮后富""先富者为共同富裕带头作贡献"的中国特色社会主义新风尚。

四是要优化市场环境。企业联系市场,企业离不开市场。优良的市场环境能够催生市场、产品、企业和产业,能够聚集资本和人才,能够推动技术创新与发展和经济资源的高效配置与利用,能够成为有利于民营企业做大做强的引导力量和推动力量。

五是要优化行政服务环境。要规范抽象行政行为,优化具体行政行为,降低管理成本,提高服务效率。要变优惠政策为优质服务,消除优惠政策恶性竞争的短期行为,建立营造优良服务环境的长效机制;要逐步缩小政府直接干预的范围,扩大市场调节的范围,提升实施宏观调节的能力和效率,变政府主管部门为政府服务体系,变审批经济项目为监管经济事务,变指挥经济工作为服务经济活动;不断优化创业辅导、投资指南、政策咨询、市场信息、融资担保、科技教育等为民营企业服务的政府服务功能。

六是要优化社会服务环境。通过发展商会、协会等自律性组织增强对民营企业的组织与聚合、联系与沟通、桥梁与纽带、促进与助长等服务功能;通过发展社会中介服务组织,增强对民营企业生产、经营、管理活动的社会服务功能。

七是要优化诚信环境。通过政府建立信用奖惩制度、企业建立信用等级制度、社会建立信用评价制度,构建完善的信用体系。

八是要优化人才成长环境。要积极培育和壮大三支队伍：优秀企业家人才队伍，优秀企业管理人才队伍和优秀企业员工人才队伍。通过教育培训，通过人力资源能力建设来促进民营企业全员素质提高，促进民营企业核心竞争力提升，促进民营企业做大做强。

（原载于中共湖北省委政策研究室《调查与研究》

2005年第12期）

企业责任：社会进步的表征

当前，"和谐"与"责任"两大时代主题正强烈地影响着人们的思想、观念、意识与行为。2005年9月15日，国家主席胡锦涛在联合国成立60周年首脑会议上提出了建设和谐世界的倡议影响全世界，话友谊、要和平、谋合作、促发展成为时代的主旋律；2005年12月31日，党中央国务院向全国人民发出了推进社会主义新农村建设的伟大号召，推进社会主义新农村建设，促进城乡协调发展，是构建社会主义和谐社会的重要任务，需要集合包括企业公民在内的全体社会成员的共同智慧和力量；2006年10月11日，党的十六届六中全会作出了关于构建社会主义和谐社会若干重大问题的决定，构建社会主义和谐社会成为全国人民的奋斗目标和行动指南，社会主义和谐社会需要共同建设，旨在共同享有；还有，什么是企业责任、怎样履行企业责任的大讨论在国内外的企业界和一定范围内的社会各界展开，履行企业责任，有利于实现企业与人与社会和谐发展、协调发展的观念为众多的企业和社会各界接受并形成共识。

悄然兴起并迅猛发展的企业责任潮流

面对资源配置国际化、产品生产国际化、国际市场一体化的新经济现象，一些企业特别是跨国公司为了取得、保持或发展竞争优势，更加注重调整自己的经营理念，将企业责任（CR：Corporate Responsibility）纳入企业的发展战略和竞争策略，通过履行企业责任，收到优化企业形象、提升企业竞争力、有利于企业可持续发展等事半功倍的成效。

在这一意识指导下，各具特色的企业责任观应运而生。

体现美国公司治理理念的企业责任观：强调股东价值、注重公司市值。认为企业"首要的责任是从事其经济任务——制造产品、提供服务、创造利润"。以股东利益最大化为主要价值取向的企业责任观通过MBA教育、论坛研讨，通过企业在美国上市时企业治理结构和管理结构按照上市要求改造，从理论层面和实践层面影响到包括中国企业在内的全球企业并为众多的企业所接受。

体现日本公司治理理念的企业责任观：强调回报利益相关者。认为企业应该考虑全体利益相关者的权益，企业在获取商业活动利益的同时应公平回报商业活动的损益，并通过回报商业活动的损益赢得社会公众的信任从而使企业获得更多更大更长久的商机。日本式的企业责任观随着日本企业的高效率发展引起世人关注。

体现欧洲公司治理理念的企业责任观：强调企业与环境协调发展。用Ericsson公司一位负责人的话说，"企业责任是一种平衡意识，是希望在企业与环境之间找到一种平衡点，在利益相关者包括企业、环境、能源、劳工、供应链、消费者、商业道德、舆论监督之间找到一种共同受益、和谐发展的连接链条"；用瑞典国家外交部国际贸易司下设的"瑞典全球责任组织"一位负责人伊丽莎白·达林的话说，"企业不仅仅只是体现慈善行为，而且要对商业行为和社会后果负责任"；一批欧洲跨国公司强调企业环境责任不仅希望赢得商业辉煌，而且希望塑造"环境守护人"形象。

积极创导与实践的中国企业责任观：注重企业与人、与社会、与环境共同受益、和谐发展。树立科学发展观，实施可持续发展战略，建立环境友好型、资源节约型社会，发展循环经济，推广清洁生产，建设小康社会，构建和谐社会，实践和追求"爱国、敬业、诚信、守法、贡献"的建设者精神，发扬"致富思源、富而思进、扶危济困、共同富裕、义利兼顾、德行并重、发展企业、回馈社会"的光彩精神等都是对现代企业责任观的诠释。中国当代社会发展目标——小康社会是一个既包括企业、商家，又包括普通民众在内的全体社会公民都摆脱贫困，达到相对富裕的社会，需要集合企业、商家和全体民众的智慧和力量。

前联合国秘书长安南1999年1月在世界经济论坛上提出的一项"全球契约"（Global Compact）中指出，"除非更加认真地考虑社会和环境的问题，否则全球经济将会变得更加脆弱"。要求商业领袖遵守、支持、实行涉及人权、劳工、环境、反腐败四方面的10项原则，得到包括52家中国企业在内的全球70多个国家的2500家企业响应，推动并形成了超越国家、超越区域、波及全球的企业责任潮流。

企业责任至今虽然还没有一个统一并公认的定义，但是其内涵逐渐形成共识，应该是一种企业与人、与社会、与环境共同受益和谐发展的平衡意识与理智行为，应该是包括企业经济责任（对股东和员工负责）、企业社会责任（对利益相关者和社会公众负责）和企业环境责任（对生态和未来负责）在内的综合责任意识与行为，即所谓"企业行为三重底线"。

履行企业责任是构建和谐社会的必然要求

科学的企业发展观应该是：人与企业和谐发展；靠资本参与分配者与靠劳动参与分配者共同发展；企业核心竞争力与产品竞争力同步

发展；企业经济指标与环境保护指标统筹发展；企业经济实力与社会贡献力相互促进发展。

科学的企业发展观要求企业改变就生产论生产，就经济论经济的思维模式，树立经济与社会协调发展的观念。一方面通过履行企业责任影响社会、服务社会、回报社会，另一方面通过良好的社会信誉、社会影响力促进企业的生产经营更快更好地发展。例如，湖北福星集团积极参与新农村建设，通过实行项目、骨干、文化、福利、资金五到村，帮扶带动农村经济发展，带来了农村的大变样，企业的大发展。农村的大变样表现在通过"以企带村"，加快了乡村城镇化进程，提升了乡村文明程度，提高了劳动者素质；企业的大发展表现在从一个普通的乡镇企业成长为中国优秀的上市公司、拥有中国名牌产品的全国500强民营企业。

和谐的企业发展观要求企业必须坚持以人为本。企业员工是企业人群的大多数，必须实现好、维护好、发展好广大员工的根本利益。企业要关爱员工，要致力于促进企业利益与员工利益和谐发展，真正做到发展依靠员工，发展成果由员工共享。要充分尊重和切实维护员工工资报酬、休假、健康安全、人格尊严等合法权益，和谐企业劳动关系。湖北民营企业如劲牌有限公司、爱帝集团、湖北联谊实业集团等一批企业以实际行动关爱员工，努力构建和谐企业，为维护员工权益、保障职工利益做出了示范，受到了国家劳动和社会保障部、全国工商联和全国总工会的表彰。

履行企业责任是提升企业竞争力的高效途径

企业是市场主体，伴随市场竞争产生；企业是社会成员，伴随社会进步发展。企业是否具有不断挑战市场竞争的主观能动性，是否能够面向市场面向社会优质高效地配置经济社会资源，是否能够在激烈的经济实力竞争和社会形象竞争中不断提升竞争力是健康发展、加快发展的关键所在。企业竞争力既来自产品竞争力，同时也来自社会影响力。产品竞争力提升依赖的是企业生产力，社会影响力的提升通过履行企业责任获得则是高效途径。可以说，通过履行企业责任来促进企业竞争力提升是继资本价值利用规律、组织形式股份制规律、管理人员专业化规律、国际市场一体化规律之后出现的又一新的企业发展规律，即企业责任价值规律。企业责任价值规律作用于资本价值规律、管理价值规律和市场价值规律，丰富并发展了当今企业发展规律体系，并呈现出一种新的当代社会经济现象。

一些企业通过履行企业责任的初步实践感悟到了企业责任与企业竞争力之间的密切联系。有的企业认识到：通过"履行企业责任，可以帮助赢得人才之战、品牌价值、社会投资、客户要求、企业声望、股票价值、运行许可、员工士气"；通过履行企业责任，有助于提升企业"生产力""文化力""公信力"和"品牌力"。众多的企业开始或已经认识到：企业责任价值既有付出价值，更有收益价值。通过履行企业责任，有利于和谐企业的逐利活动与社会相关人利益与社会整体利益之间的关系；有利于和谐企业与当地政府、所在社区的唇齿关系；有利于和谐企业团队，改善人力资源管理；有利于提升企业品牌形象和产品品牌形象；有利于企业获得优质经济社会资源，开辟与发展新的经营生产领域；有利于企业赢得客户、赢得社会公信、赢得企业持续竞争力和发展力；总之，履行企业责任，是全面提升企业竞争力和社会影响力的高效途径。

履行企业责任是企业与环境和谐相处的连接链条

企业是经济目标的实现者，也应该是环境保护的责任人。企业是环境影响者，应该使其正面影响最大化，负面影响最小化。科学的企业发展观应该是企业与环境和谐相处、协调发展，只顾企业自身利益，不顾环境利益的企业不为社会所接受，终究要遭淘汰。只有走科技含量高、经济效益好、资源消耗低、环境污染少、人力资源优势得到充分发挥的新型工业化发展道路，才能获得企业经济效益、竞争力、影响力同步提高，才能获得企业发展速度、效益和后劲同步增长。

世界环境与发展委员会（WCED）在1987年的报告《我们共同的未来》中提出了可持续发展定义，这个定义来自挪威首相布伦兰特夫人的名言：可持续发展是"既满足当代人需要又不对后代人满足其需要的能力构成危害的发展"。这一观点，逐步为世人接受，形成共识，并开始努力付诸行动，这一观点的要义就是要切实保护环境；保护环境就是保护生产力，改善环境就是发展生产力。

"全球契约"十项基本原则，涉及环境方面有三项："企业应对环境挑战未雨绸缪；主动增加对环境保护的责任；鼓励无害环境技术的发展与推广。"企业履行环境责任的态度也大致可分为三种：第一种是能够做到不污染环境，合理利用资源，这是责任底线；第二种是能够做到注重保护环境，注重节约资源，这是责任中线；第三种是能够做到努力优化环境，再生利用资源，这是责任高线。一些企业通过发展环保经济，实施清洁生产，预防污染，保护生态，通过主动履行企业环境责任来优化企业形象，赢得发展机遇。一些企业通过承诺"企业环保主义""进行产品生命后期管理，实行资源→产品→废弃物→再生资源的循环利用"，开展"自然之友"和"美境行动""做负责任的企业公民""建设环境友好型企业"，建设"中国人居环境范例社区"等口号与行动打出保护环境、美化环境的品牌，获得了有利于优化企业形象、环境保护和经济发展三重功效。

我国是一个人口密度较大、人均资源紧缺的国家，也是一个自然环境受工业污染伤害较大的国家。近年来，在经济快速发展的同时，面临环境资源问题的严峻挑战。切实保护环境，和谐企业与人与环境的关系对于我国经济社会可持续发展显得十分重要。企业应该把保护环境作为自己的责任、使命，并付诸行动，不断增强环境保护责任，不断优化经济增长方式，不断提高自主创新能力，努力做到清洁生产、节约生产、安全生产、健康生产，为缓解我国人口、资源、环境压力，落实我国科学发展、和谐发展、协调发展、可持续发展战略任务贡献力量。

企业责任在参与新农村建设中发扬光大

中共中央、国务院关于推进社会主义新农村建设的若干意见中指出"构建社会主义和谐社会，必须促进农村经济社会全面进步"。促进农村经济社会全面进步需要汇聚企业公民特别是民营企业的智慧和力量。农村是个广阔的天地，民营企业参与新农村建设大有可为。

第一，参与新农村建设是党和政府的号召。新农村建设的目标是"生产发展、生活宽裕、乡风文明、村容整洁、管理民主"，广大民营企业应该围绕这一目标，按照湖北省委省政府的要求："坚持共同参与，组织社会帮扶，推进光彩事业和回归工程，进一步动员社会各界关心、支持、帮助贫困地区、革命老区和少数民族地区的开发建设。"

第二，参与新农村建设是"希望田野"的召唤。民营企业参与新农村建设道路宽广、形式多样，以下三种积极有效。一是上山：唱山歌（发展山区经济）、演山戏（开发山区资源）、富山民（帮助山民脱贫致富）、兴山村（改变山区面貌）；二是下乡：积极参与农业产业化经营，兴办涉农企业，发展涉农产业，按照"公司+基地+农户"的方式，组织分散农户参与社会化大生产，围绕粮、棉、油、牧、副、鱼、禽、菜、烟、果、药、茶12大类农副产品的规模生产、系列加工、产品变形、集约经营、价值增值动脑筋、想办法、下功夫、求实效；三是"回归"：心回归（家乡在我心中）、人回归（常回家看看）、事业回归（在外发展事业的同时，积极回家乡发展或支持家乡发展）。

第三，参与新农村建设是民营企业履行企业社会责任的重要途径。或村企之间"一帮一""手牵手"对口帮扶，或企业联合起来共同帮扶，发扬"义利兼顾""发展企业""回馈社会"的光彩精神，积极探索"以企带村"村企共赢的发展新路。企业社会责任的要义之一就是要倡导"致富思源""投身光彩事业""关心弱势群体""鼓励一部分人先富起来""先富帮后富""先富者为共同富裕带头作贡献"的中国特色社会主义新风尚。

第四，湖北省民营企业参与新农村建设不断涌现出一批惠及农民、发展企业的新典型。

湖北福娃集团扬资源优势，做鱼米文章，舞行业龙头，创知名品牌。按照"公司+基地+农户"模式，与农户签订粮食订单35万亩，网络10万农户，每年为农民增收3500万元；发展成为拥有多家食品加工企业、资产1.8亿元、员工1350人、年产值4亿元的国家级农业产业化重点龙头企业。

湖北长友公司利用鄂西南山区自然气候独特，特色农产品丰富的优势，按照"公司+基地+业主+农户"模式，引导农民开发种植薇菜、香菇、板栗、高山蔬菜、茶叶等特色农副产品，连续三年，年销售收入过亿元，年出口创汇过千万元，年均向农户提供现金收入达9000多万元，辐射带动2万多农户户均增收1200多元。长友公司从提篮小卖到"中国薇菜王"，从经营小品种到发展大产业，跻身国家级农业产业化重点龙头企业行列。

湖北神丹公司顺应"绿色消费""健康消费"新潮流，上连超市下接农户，打造中国蛋品品牌。"神丹"系列六大类蛋品被认证为中国"绿色食品""湖北精品名牌"，产品进入中百等1000多家大型连锁超市和3000多家便民连锁店，并与世界三大零售巨头家乐福、麦德龙、沃尔玛签订了合作协议，产品销售日、韩、澳、美、中国香港等地和国内30个省市。公司采取"提供种苗、技术、饲料，回收产品"方式直接联系20多个县市的1600多家农户，一方面促进了农业生产发展，使农民得到了实惠；另一方面企业在参与新农村建设中不断发展壮大。

百步亭集团与武汉东西湖区联手共建农村新社区——"百步亭农村新港苑"，同时推进社会保障、社会治安综合治理、社会管理、社会服务"四进家园"，致力于继在取得城市人居环境范例社区建设成果之后再创建设农村人居环境范例社区新佳绩，站在和谐社区建设的方位为建设社会主义新农村贡献力量。

（原载于《今日财富》2007年第10期）

着力提升政府服务效能　扶持中小企业发展

中小企业是企业群体的大多数，在吸纳就业、技术创新、促进出口、繁荣市场、激励投资、引导消费诸方面贡献重大。

扶持中小企业发展已成为世界各国的基本国策。我国改革开放以来，采取了一系列法律措施、政策措施和工作措施扶持中小企业发展，特别是《中华人民共和国中小企业促进法》《国务院关于鼓励支持和引导个体私营等非公有制经济发展的若干意见》颁布实施以来，极大地促进了中小企业蓬勃发展。但是，融资难、管理水平不高、自主创新能力不强仍然是制约中小企业诞生、成长、发展的三大难题。破解三大难题，需要集合包括企业、社会、政府在内的方方面面的智慧和力量，其中政府的扶持作用是至关重要的。

围绕政府如何扶持中小企业发展，提出八条建议。

（一）国家设立中小企业局

目前工业和信息化部等单位内设有中小企业司，但是其服务对象和服务领域受到局限，建议整合国家有关部门中小企业服务职能，设立国家中小企业局，负责中小企业的宏观指导、综合协调和管理服务，研究制定促进中小企业发展的政策措施和工作措施，监测分析中小企业发展动态，协调解决中小企业发展中的重大问题。组织协调全国各省市中小企业管理机构强化对中小企业管理服务职能，上下左右联动，形成合力，服务中小企业发展。

（二）设立国家中小企业银行

目前，国家及省市县各级政府都投入有中小企业发展基金，大都建立有融资担保机构，但是，存在不成体系、资金不足、担保不力、银行惜贷、企业融资成本较高、融资效率低下等问题。分析其原因，主要是融资风险较大；银行和担保公司独立分散经营，抗风险能力弱；银行和担保公司以盈利为目的，且有的盈利欲望较高，服务中小企业发展的意识淡薄。建议设立国家中小企业银行，营运国家支持中小企业发展专项资金，为中小企业提供专项贷款。该银行实行集团式经营，有利于调控经营风险，提高抗经营风险能力。该银行作为国家政策性银行，不以盈利为目的，以促进中小企业发展为主旨，该银行的经营效益主要通过促进国家税收增长、促进就业、促进提高国家及区域宏观经济社会效益综合评价体现。国家中小企业银行由中央财政出资，省市县分行由国家财政和地方财政共同出资组建。

（三）大力支持发行中小企业集合债券

公司股票和企业债券特别是企业债券是中小企业融资的重要渠道。近年来，中国人民银行和国家发改委做了大量的积极有效的工作，企业债券发行规模逐年扩大，促进企业融资，促进企业发展的作用逐步增大。2007年以来，试点发行中小企业集合债券，深受中小企业欢迎，融资效益明显。建议进一步扩大中小企业集合债券发行规模和范围，并将地方企业发行企业债券的审批权限下放给地方，"由中国人民银行省、自治区、直辖市、计划单列市分行会同同级计划主管部门审批"。

（四）建立健全融资担保体系

中小企业与大型企业相比信用状况较差，向中小企业贷款风险较大这是客观存在的事实。社会担保机构为促进融资发挥了重要作用，但是担保成本较高也是客观存在的事实。建议国家制定促进担保业发展的管理办法，激励并规范管理担保行业行为。建议国家设立国家担保公司，经营以国家资本金为主体的担保基金，履行国家担保义务，表现国家担保行为，对符合产业政策、技术经济创新、经济社会效益显著的贷款项目提供国家担保或为社会担保项目提供再担保。建议对获国家级科技进步和科技成果奖励的产业化贷款项目直接提供国家担保。建议在加强担任行业监管的同时，通过税收优惠、提供再担保、政策性担保、信用担保和风险担保支持社会担保企业发展，着力构建完善的、高效的、规范的担保体系，促进银企融资行为规范，促进融资市场高效率地发展。

（五）建立信用融资机制，利用信用杠杆打通融资瓶颈

促进建立银行信用制度，提供信用产品和信用贷款；促进建立企业信用制度，提供信用报告开展信用评级；促进建立社会信用制度，引导信用消费与信用合作；积极建立政府信用制度，开展信用评价，优化信用环境。引导全社会共同努力利用信用杠杆突破贷款必须抵押担保的单一融资模式，走出一条无须抵押担保靠信用贷款的融资新路。

（六）支持企业技术改造与创新

建立先进制造技术推广中心，指导中小企业采用先进制造技术。建立国家级科技成果转化促进中心，对获得国家级科技进步奖励的科技成果，实行"苗圃"式培育，提供试生产条件支持，包括提供资金、场地等，促进其产业化。对企业的研究开发投资实行永久性免税。

（七）强化生产力促进职能，建立企业辅导机制，帮助企业排忧解难

集合有关政府职能部门工作人员、有关（包括离退休和在职的）经济专家、工程技术专家、企业管理专家、优秀企业家、优秀技能工人等方面的人员组成企业辅导专家委员会，应企业需求为改善企业生产、经营、管理以及技术创新、产品创新等方面的问题提出咨询意见和建议，供企业决策参考。通过进一步强化政府经济管理和服务部门的经济分析，企业诊断、企业评价、企业帮扶、贷款担保、协调沟通等职能，服务与促进中小企业加快成长、健康发展。

（八）放活科教人员，支持科技人员参与中小企业技术创新

建议在高校和科研院所开展试点，允许科教人员从事与科教关联的第二职业，允许科教人员建立校外所外工作室，允许科教人员停薪留职兴办科技型企业，允许科教人员个人科研成果自主产业化，允许学校院所与科教人员个人共有科研成果利益分成共享，允许科研成果公开交易。鼓励支持科教人员充当产学研、产科教结合的推动者，充当中小企业技术创新的推动者。

此外，还应该采取一系列激励政策，比如，对小企业实行起步期、成长期免减税政策，对小企业税费提高起征门槛，为中小企业提供企业宣传、产品宣传服务，支持创业，激励用工，出台激励民间资本投资、发展中小企业的政策等综合措施促进中小企业发展。

（原载于《世纪行》2009年第3期）

四法并举　破解中小企业发展三大难题

改革开放以来，我国中小企业蓬勃发展，成为吸纳就业的主渠道、繁荣市场的主力军、税收增长的贡献者、技术进步的推进器，成为推动经济社会发展的重要力量。

近年来，接连颁布实施的《中华人民共和国中小企业促进法》《国务院关于鼓励支持和引导个体私营等非公有制经济发展的若干意见》《国务院关于进一步促进中小企业发展的若干意见》等一系列法律、政策，以及国家采取的一系列工作措施，极大地优化了中小企业发展环境。但是，融资难、管理水平不高、自主创新能力不强仍然是制约中小企业诞生、成长、发展的三大难题。

破解三大难题，应当政府、企业、社会共同努力，在以下四个方面下功夫、见实效。

一、支持商业银行建立专营机构面向中小企业融资服务

企业贷款难，银行难贷款，融资成本较高、融资效率低下是困扰中小企业融资的老大难问题。为解决这一问题，建议进一步优化中小企业融资服务方式，进一步加大信贷支持力度。一是大力支持各类银行内设中小企业金融服务专营机构，开展中小企业信贷专营服务。

最近，国家银监会出台了《关于银行建立小企业金融服务专营机构的指导意见》，明确要求包括五大商业银行、国家开发银行、12家股份制银行和邮政储蓄银行在内的19家银行业金融机构建立专门负责中小企业金融服务的专营机构，湖北等一些省份的商业银行成立了"小企业金融业务中心"和"小企业专营支行"，明确表示"要提高小企业贷款在本行贷款的比重"，为这一做法叫好。建议国家对这一做法进一步鼓励支持与引导，落到实处，重视推广。二是建议各国有商业银行恢复或建立县、乡两级信贷服务网点，并鼓励支持民资银行延伸到县乡经营，其经营方式采取"注入式"信贷资金投放，而不是"抽水式"资金吸储，特别注意提高县域储蓄存款本地使用率。三是支持以地方政府资本金入股或控股的城市商业银行和其他类型的商业银行主营中小企业信贷业务或设立中小企业融资服务专柜。四是建议建立中小企业信贷绩效考核办法，其经营绩效除了考核资本营运效益外，还要看其服务对象对促进国家税收增长、促进就业的贡献，从直接经营效益和间接经济社会效益两方面综合评价其经营业绩。五是建议政府对服务中小企业融资的信贷业务实行税收减免、风险补偿等优惠政策，激励中小企业信贷服务行为。

二、建立中小企业信贷咨询和审贷决策双重机制，助力化解信贷风险

因为信贷风险存在，难贷款与贷款难是并列存在的难题。国家银监会与科技部、中国银行协会共同构建了科技专家推荐体系，为金融机构审批贷款提供科学中立的技术咨询意见，这一做法很好。全国工商联系统与部分商业银行签订合作协议，工作目的是通过工商联这个

桥梁，"让银行了解企业，让企业了解银行"，建立互知互信机制，通过三年来的实践证明效果良好。建议推广这一做法，在审贷决策程序之前建立信贷咨询机制，助力化解信贷风险，提高信贷效率。

三、多法并举，提升中小企业融资担保能力

中小企业与大型企业相比信用状况较差，向中小企业贷款风险较大这是客观存在的事实；社会担保机构为促进融资发挥了重要作用，但是担保成本较高也是客观存在的事实。建议制定促进担保业发展的管理办法，激励并规范管理担保行业行为。建议对符合产业政策、技术经济创新、经济社会效益显著的贷款项目提供政府担保或再担保。建议创新担保方法，引导担保公司除了为借款风险提供担保外，从另一角度为中小企业融资专营机构提供放款风险担保，允许银行经营信贷利率与担保费率合一的综合信贷费率的风险融资项目。建议引导国家保险机构和社会保险机构为中小企业经营者和中小企业融资机构提供信贷保险，助力分担担保风险。建议为获得国家级、省部级科技进步和科技成果奖励的产业化贷款项目直接提供政府担保。建议通过税收优惠、提供再担保、政策性担保、信用担保和风险担保支持社会担保企业发展，着力构建完善的、高效的、规范的担保体系，促进银企融资行为规范，促进融资市场高效率地发展。

四、大力支持中小企业技术创新、经营创新、管理创新

建议建立先进制造技术推广中心，指导中小企业采用先进制造技术；建议建立科技成果转化中心，服务中小企业推广应用科技成果；

建议建立中小企业新技术新产品孵化中心，外力帮扶其开发新技术新产品；建议建立企业管理培训中心，培训中小企业经营管理人才；建议开展全国性和区域性职工技能大赛，激励企业员工提升职业技能；建议高度重视技术标准在企业进步中的作用，支持订立工艺类和产品类企业标准，提升企业形象和产品形象竞争力；建议建立专门服务中小企业的企业宣传、产品销售、采购供应、行业动态、市场信息等网络服务平台；建议按不同地区和行业建立企业指导委员会，应企业要求为其改善生产、经营、管理以及技术创新提供咨询服务；建议不断优化政府部门的经济分析、企业诊断、协调沟通等职能，为中小企业提供诞生服务、成长服务和救生服务。

2010年

转变经济发展方式要落实到企业

转变经济发展方式要坚持两手抓。一手抓宏观经济和区域经济发展方式转变，另一手抓企业经济发展方式转变。党的十七大提出了加快转变经济发展方式的战略任务。胡锦涛总书记2010年在参加全国政协民建、工商联界别委员联组讨论时强调指出，转变经济发展方式要落实到企业，要求非公有制企业在加快发展方式转变、保障和改善民生、提升自身素质三个方面争取有更大作为。贯彻落实好胡锦涛总书记这一重要讲话精神，切实把转变经济发展方式落实到企业，对于健康发展经济、节约利用资源、保护友好环境、构建和谐社会意义重大。

人与企业和谐发展促转变

企业靠人办，办企业为了人，科学发展企业必须科学地处理好企业与人的关系。在企业内部，要正确处理好投资者、管理者、普通劳动者三者之间的关系，让他们在政治地位、经济保障、民主权利等方面有公平的待遇，从意识和行为上都成为企业的主人，着力创建和谐企业团队，改善人力资源管理；在企业外部，要正确处理好企业与利益相关者、企业与社会整体利益之间的关系，包括企业与政府、与所在社区、与消费者、与经济技术伙伴等的和谐关系，做负责任的企业，真正做到企业与人与社会相互依存、共同受益、共同发展。

科学的企业发展观要求企业改变就生产论生产，就经济论经济的思维模式，树立经济与社会协调发展的观念。一方面通过履行企业社会责任影响社会、服务社会、回报社会，另一方面通过良好的社会信誉、社会影响力促进企业的生产经营更好更快地发展。比如，湖北福星集团经过几十年努力奋斗，从小到大，发展成为国内外知名的大型企业，但是草根情结依旧，坚持以工哺农，以企带村，15年累计投入6.2亿元，参与支持农业农村现代化建设，帮扶带动建设的福星村被评为"中国十大特色名村"。最近，又积极配合汉川市政府探索建设有产业支撑、有较大经济规模、有现代化社会文化设施的县域副中心城市——镇级市。

靠劳动参与分配者和靠资本参与分配者共同发展促转变

和谐的企业发展观要求企业必须坚持以人为本，以企业全员为本，要求企业既要依靠企业全员做大"蛋糕"，也要面对企业全员分好"蛋糕"，让企业全员公平共享企业生产经营发展成果。要正确处理好劳动报酬与资本报酬二者之间的企业利益分配关系，要注重提高劳动报酬在企业利益分配中的比重，要特别注重提高企业员工中中低收入者的收入水平，要把企业员工工资正常增长机制和支付保障机制落到实处，并对低收入员工给予更多的关爱。与靠资本参与分配者相比，靠劳动参与分配者是企业人群的大多数，必须实现好、维护好、发展好他们的根本利益，要充分尊重和切实维护他们的工资报酬、休假、健康安全、人格尊严、社会保障等合法权益，和谐企业劳动关系，实现共同发展。湖北"信义兄弟"孙水林、孙东林"生死接力送薪"的感人事迹感动中国，不仅展现了中国公民高尚的社会信义，同时表现了中国企业家强烈的社会责任，而且告诉我们：做人既要维护自己的尊严，还要维护别人的尊严，实现"让社会更加公正、更加和谐"的目标需要集合包括企业公民在内的全体社会公民的智慧和力量。

企业核心竞争力与产品竞争力同步发展促转变

发现是创新，发明是创新，综合就是创新，应用也是创新，只要充分发挥在生产、经营、管理等各个岗位工作的企业全员的创新积极性，使创新成为企业全员的共同意识与行为，就能使企业创新充满活力、增添动力。

产品是企业的生命，企业有好产品才有好市场；技术是产品的生命，企业只有具备技术创新能力，才有产品创造能力；管理是企业的灵魂，只有靠科学管理才能提高企业发展效益和效率。可以说，产品创造能力、技术创新能力和科学管理能力是企业核心竞争力基本三要素，缺一不可。产品竞争力是现实竞争力，是企业生存、参与市场竞争的必要条件；核心竞争力是持久竞争力，是提升产品竞争力、保持企业不败竞争、永续发展的充要条件。科学发展企业，既要注重现实发展绩效，还要注重积蓄持续发展动力，这就要求企业既要注重提升产品竞争力，还要注重提升核心竞争力，努力做到企业核心竞争力与产品竞争力同步发展。湖北楚天激光集团围绕产品创新抓技术创新，围绕企业创新抓管理创新，收到事半功倍的双重功效，经过10多年的创新创业发展，企业已经拥有300多项技术专利，生产技术和产品达到国内领先、国际先进水平。靠企业自主创新，湖北智能电梯成为畅销欧、美、亚洲的国产品牌，大枫纸业成为联合国文化用品定点供应商，江通动漫吸引文化市场和业界眼球。靠企业经营创新，九州通集团、卓尔集团、金马凯旋、华丽环保、合众人寿等一批新型企业做大做强。

企业环境保护能力与生产发展能力统筹发展促转变

企业是经济目标的实现者，也是环境保护的责任人。企业是环境影响者，应该使其正面影响最大化、负面影响最小化。转变经济发展方式落实到企业，就要注重强化企业环境责任，努力做到企业与环境和谐相处、协调发展。只顾自身利益，不顾环境利益的企业不为社会所接受，必遭淘汰。只有走科技含量高、经济效益好、资源消耗低、环境污染少、人力资源优势得到充分发挥的新型工业化发展道路，才能使企业经济效益、竞争力、影响力同步提高，才能使企业发展速度，效益和后劲同步增长。一些企业通过发展绿色经济，实施清洁生产，预防污染，保护生态，通过主动履行企业环境责任来优化企业形象，赢得发展机遇。一些企业通过开展"自然之友"和"美境行动"，打出"建设环境友好型企业"品牌，获得了保护环境、优化企业形象和生产能力高效发展等多重功效。

企业社会形象竞争力与经济竞争力相互促进发展促转变

企业是市场主体，伴随市场竞争产生；企业是社会公共组织，伴随社会进步发展。企业能否在激烈的经济竞争和社会形象竞争中不断提升竞争力，是健康发展的关键所在。经济竞争力提升依赖的是企业生产力，社会形象竞争力提升通过履行企业社会责任获得则是高效途径。可以说，通过履行企业社会责任，来促进企业竞争力提升，是继资本价值利用规律、组织形式股份制规律、管理人员专业化规律、国际市场一体化规律之后，新出现的又一个经济社会规律，即企业社会责任价值规律，实践证明，履行企业社会责任既有付出，更有收益。众多的企业通过履行企业社会责任的初步实践，感悟到了企业社会责任与企业竞争力之间的密切联系；感悟到了履行企业社会责任，有利于提升企业形象和产品形象；有利于结交经济社会伙伴并获得优质资源；有利于赢得客户、赢得社会公信、赢得持续竞争力和持续发展能力。例如，湖北劲牌有限公司连年发布企业社会责任报告，通过注重履行企业社会责任，获得社会形象竞争力与经济竞争力相互促进发展的双重功效，成为湖北非公有制企业中近年来社会贡献最大、经济效益增长最快、对国家贡献税收最多的企业之一。

（原载于《湖北日报》2011年3月10日）

大力扶持中小企业发展

得益于改革开放，得益于改革击破传统、开放突破封闭、市场打破计划、民营冲破国营的思想解放和实践探索的全民运动，我国以非公有制经济成分为主体的中小企业蓬勃发展。当前，我国有中小企业近1000万家，具有中小企业属性的个体工商户近4000万户，中小企业占注册企业总数的98%以上，中小企业生产总值、固定资产投资、新增就业和出口贸易分别占比50%、50%、90%和60%以上，中小企业群体已经成为国民经济的大支柱，成为繁荣经济、保障民生、稳定社会、推动发展的重要力量。当前，中小企业发展机遇与生存困境相随相伴，在经济增长下行和物价上涨双重压力下，部分企业生产经营困难，"保生存、谋发展"与"解难题、促发展"分别成为企业与政府共同思考的重大课题。

围绕大力扶持中小企业发展提出如下建议：

第一，大力催生中小企业

我国应从发展经济和扩大就业双重目标出发，进一步放宽市场准入，促进企业诞生和发展。应大力支持创立起步公司，实行低费率注册、低利率融资、零费率辅导、高效率服务；应放宽个体工商户经营条件，变注册制为登记制，实行无门槛、零费率，允许先经营、后登记；呼吁更新企业观念：认识个体工商户也是企业，正视个体工商户就是企业，建议适当的时候将个体工商户更名为企业。

第二，大力加强中小企业人力资源能力建设

中小企业日常的生产、经营、管理，发展的速度、效益、后劲，可持续的发展力、影响力、竞争力都与企业人力资源能力建设相关，国家应帮助中小企业培训人才，着力建设三支队伍：即企业家人才队伍、企业管理人才队伍和企业员工人才队伍，切实把中小企业人才队伍建设纳入国家人力资源能力建设的工作重点加以部署，贯彻落实。

第三，大力发展中小企业服务体系

国家应建立中小企业统计制度，加强中小企业行为调查研究，及时掌握中小企业生产经营发展状况；支持中小企业技术创新、管理创新，有针对性地提供企业辅导、咨询帮助，提供诞生、助长服务；着力提高行政服务效率，切实解决好长期困扰中小企业的"一高两难"（成本高、融资难、办事难）问题。应整合国家有关部门中小企业服务职能，设立国家中小企业局，研究制定促进中小企业发展的政策措施和工作措施，负责中小企业的宏观指导和协调服务。

第四，大力精事简政，提高政府为中小企业服务效能

最近，湖北提出"宁愿政府麻烦，不让企业费事"的服务理念，省级政府部门带头减少审批事项109个，各级政府部门努力办好"服务台"，当好"服务员"，在社会上引起强烈反响，受到中小企业欢迎。建议国家各有关部委局在增强服务功能、提高服务效能方面下功夫、求实效，建议国税、地税两局合并，一个机构向中小企业征税，两类税种分别入库，降低政府税管成本，减轻企业税管负担。

第五，多法并举，发展中小企业融资体系

一是建立由国家控股的政策性中小企业银行，导向中小企业信贷服务，以县域为单位，每县建一个。二是支持商业银行建立中小企业信贷专营机构或服务专柜，并激励中小企业信贷服务行为。三是鼓励发展民间资本银行，引导民间借贷融资由地下走上市面，由"影子银行"交易规范为实体银行经营。四是以国家资本金参股投资方式支持村镇银行、社区银行、市场银行提升中小企业信贷服务功能，提高经营管理水平。五是引导国家和社会保险机构开展中小企业融资担保业务，对获得国家级、省部级科技成果奖励的产业化贷款项目由政府提供担保，助力破解中小企业融资难题。六是促进建立企业、银行和社会组织信用制度，优化信用环境、推动信用融资。七是放宽准入，加强辅导，提供中小企业进入股票、债券、产权交易市场融资的便捷通道。八是以我国超适度规模的外汇储备为资本金投资国家进出口银行，服务中小企业进出口融资，让外汇储备的主要贡献者成为重要受益者。

（原载于《世纪行》2012年第3期《湖北日报》

2012年3月19日论丛）

企业诚信是社会诚信的根基

诚信是企业品格

企业是法人，也如人，如人一样有品格。诚信是企业品格之灵魂，企业文化、企业责任、企业形象都与它紧密相连、息息相关，它关系企业日常的生产、经营、管理，关系企业持久的竞争力、影响力、发展力，关系企业发展的速度、效益、后劲。晚清"商圣"胡雪岩作《戒欺文》，公示"凡百贸易，均着不得欺字"，"余存心济世，誓不以劣品弋取厚利"，以诚信不欺，赢得世人称颂。湖北"信义兄弟"，生死接力送薪，展现出现代企业家高尚的社会信义和现代企业诚信，其感人事迹感动中国。

诚信是企业品牌

"福星科技""凯迪电力""智能电梯""楚天激光""江通动漫""爱帝""猫人""红人""百步亭""九州通""现代中加科技城"……这些耳熟能详的企业品牌、产品品牌和服务品牌力推了湖北民营经济较好较快发展，成为促进湖北跨越式发展的重要力量。

追溯力量的源泉，诚信功不可没，诚信是企业信誉之基石、产品质量之保障、开拓市场之上策，诚信是企业生存之基、发展之要、竞争之力，诚信是企业永葆青春活力的保健良方。

诚信是企业责任

湖北劲牌公司连续三年发布"企业社会责任报告"，将企业生产、经营、管理的意识、行为与绩效公告社会，这一做法，在全国全省企业界和社会各界叫好。企业社会责任报告，首先是一份企业诚信报告，向社会昭示企业诚信和企业责任。该公司注重履行企业社会责任，赢得社会公信，获得社会形象竞争力与经济竞争力相互促进发展的双重功效，成为湖北民营企业中社会贡献最大、经济效益最好、对国家贡献税收最多的企业之一。

科学发展湖北必须科学发展企业，科学发展企业必须建设企业诚信，企业诚信是社会诚信的重要组成部分，和谐社会呼唤企业诚信。

（原载于《湖北日报》2011年5月16日）

和谐社会呼唤健康的社会引力

社会引力是社会成员之间共同意识与行为的引导力量。健康的社会引力，是社会各类人群在同一社会环境下同心同德、同心同向、同心同行的凝聚力量。

中共十八大倡导的社会主义核心价值观，有利于增强人民精神力量。党中央出台"八项规定"，为民务实清廉新风吹遍祖国大地，深得人民群众拥护，是健康的社会引力。建议因势利导，发展壮大政府、公民、社会文明行为的引导力量，引导小康社会健康发展。

健康的社会引力来自政府行为美

湖北省连续三年组织"万名干部进万村，入万户访民情"（简称"三万活动"），为农民生活排忧解难；"挖万塘"，为农业生产保水抗旱；"洁万家"，为农村树立文明新风尚。密切了干群关系，改进了干部作风，真正把"人民公仆"和"为人民服务"由口号变成意识行为和发展成果，这一做法受到人民群众称赞。

建议各级政府及其部门以提高为民意识与服务效能为重点，大力改进作风，为全面建成小康社会优化政务环境。力求做到让"门难进、事难办"的官僚习性改掉，让"跑部钱进"的队伍再次缩小，让跑官要官者彻底绝望；力求做到精官简政、精事简政、精文简政、精会简政，提升政府效能；力求做到公正、公平、公开服务，提升行政管理正能量；力求做到在加强和创新社会管理的实践中，变较大的行政压力为健康的社会引力，把党和国家对人民群众的大爱通过优良的政府行为充分表现出来；力求做到取消地区GDP指标排名等各类排名活动，把发展政绩写在美丽中国的大地上和老百姓的心坎里。

健康的社会引力来自企业行为美

构建社会主义和谐社会必须倡导并建设企业行为美。

企业能否履行社会责任，能否做到对员工和股东负责、对利益相关者和社会公众负责、对生态和未来负责，关联企业与人、与社会、与环境和谐发展。为抵抗国际金融危机冲击，众多企业顾大局、讲奉献，努力"不裁员不减薪不欠薪"；为抗击自然灾害、开发贫困地区，广大企业伸出援手，帮扶救助，光彩演绎中国特色社会主义核心价值观。湖北民营企业家信义兄弟生死接力送薪，为的是不拖欠农民工工资……他们是社会行为美的建设者，是健康社会引力的贡献者。

同时，我们必须清醒认识到，企业行为美建设任重而道远，有的企业道德失范、诚信缺失仍然是市场经济肌体上的明显伤疤，需要猛药医治。

小康社会是一个全体社会公民都摆脱贫困，达到相对富裕的社会，需要汇聚包括企业在内的全体社会公民的共同智慧和力量。

健康的社会引力来自社会行为美

培育"知荣辱、讲正气、做奉献、促和谐"的良好社会风尚必须倡导并建设社会行为美。

公民行为美是社会行为美之基石。杭州"最美妈妈"吴菊萍奋不顾身、手臂骨折，为的是救护幼童生命；人民教师张丽莉"用无私师爱，滋润学生稚嫩心田"，危难关头用身体救护学生，用大爱行为美诠释了师德之伟大。同是在校园门口，为维护校园秩序、保护学生安全，一些地方成立了"家长护卫队"，令人为学生家长们的责任和义举感到高兴，同时也令人联想到社会安全的隐忧。另外，多起因为应急通道不通，应急车辆被堵，无人让道或无法让道，导致危急生命失去抢救时机的事件冲击人们的心灵，提醒人们：关爱生命，遵守交通规则；不忘职责，保障道路畅通。

"深化平安建设，完善立体化社会治安防控体系"，需要充分发挥群众参与社会管理的基础作用，大力推行"社区关爱""社区服务""社区矫正"，从源头从基层化解社会矛盾和安全隐患。要特别关爱失足青少年和刑满释放人员，建议将"封存未成年人犯罪记录"的法律适用范围拓宽到"管制""缓刑"等罪行较轻的刑满释放人员，彻底消除求学、就业、居住等方面的行为歧视，帮助他们顺利、体面回归社会，避免重复犯罪。要特别关爱残疾和弱势人群，重视他们的温饱生活等社会保障。

让中华民族大爱行为美植根于每一个中国人的心里，表现在每一个中国人的行为上。

（原载于《世纪行》2013年第3期）

发展混合所有制经济要落实到企业

在市场经济和现代化大生产条件下，选择混合所有制经济发展道路，以经济合作发展方式提升经济竞争发展能力，有利于企业做大做强、健康发展。在企业调查中，有三个案例记忆深刻：

有一个民间资本与国有资本各占50%股权的混合所有制企业连续七年保持高速发展，每年30万辆微型车产销两旺，成为"国企与民企在汽车行业结合的良好典范"。究其原因，混合所有制企业集合了国有企业管理规范和民营企业机制灵活双重优势，形成了国有经济与民营经济利益共同体。

有一个由乡镇企业股份改制上市时保留部分集体股份形成的混合所有制企业，持续32年健康发展，重要原因之一，得益于企业与所在社区的唇齿关系，形成了民营经济与集体经济利益共同体。

有一个由科研事业单位改制形成的混合所有制企业，国有股占20%，职工股占80%，职工具有员工和股东双重身份。通过建立主人翁地位激励机制，使职工观念实现了由"干工作"向"干事业"转变；建立压力传导机制，产生了企业全员"共担责任、共同发展"的内生动力；建立利益共享机制，形成了国家利益、职工利益与企业利益共同体。

更多的案例表明，发展混合所有制企业特别是非公有资本控股的混合所有制企业有利于优化企业产权结构，规范企业管理，提升企业信誉、经济实力、发展动力和社会影响力。

中共十八届三中全会提出"积极发展混合所有制经济"，是在坚持"两个毫不动摇"的经济发展方针的基础上进一步激发经济发展动力的重大举措，有利于发挥社会主义制度集中力量办大事和市场经济制度高效配置经济资源双重优势，有利于拓宽经济发展道路，发挥不同所有制资本结合的力量推进国民经济高效率发展。积极发展混合所有制经济必须落实到企业，落实到促进混合所有制企业健康发展。

一、以国有资本投入促进混合所有制企业发展

转变国有资本经营方式，由经办企业为主向经营资本为主转变，由承担经济发展单一功能向承担经济发展和经济促进双重功能转变，充分发挥国有资本的经济杠杆作用，促进形成混合所有制企业，促进混合所有制经济发展，促进不同所有制经济发展优势互补、激发活力、形成合力，提升国家经济综合竞争力。

二、以市场机制服务混合所有制企业产权交易

设立由国家机关直接监管的企业产权交易所，服务不同所有制企业、特别是非上市企业交易企业产权，让市场在混合所有制企业产权配置中起决定性作用，促进形成以股份制产权为纽带的混合所有制企业并公正、透明、高效地服务其调整产权结构。

三、以现代企业制度规范混合所有制企业行为

产权清晰、权责明确、决策民主、管理科学、富有效率、企业责任等基本要义，要以现代企业制度形式确定下来，保障靠劳动参与分配者和靠资本参与分配者利益公平、共同发展，保障企业可持续发展，保障企业与人、与社会、与环境和谐发展。

四、以混合所有制企业为载体，促进非公有制经济健康发展

众多的案例证明，以吸纳民间资本参股方式，促进形成国有资本控股的混合所有制企业，有利于国有企业做大做强；此外，以国有资本参股投资民营企业，促进形成民间资本控股的混合所有制企业，有利于促进民营企业做大做强，有利于非公有制经济健康发展。应进一步解放思想，放开手脚，以发展混合所有制企业为载体，促进民间资本或民间资本控股的银行诞生、成长和发展。

五、以国家政策引导混合所有制经济健康发展

应以促进混合所有制经济发展为目标，出台专项条例，鼓励支持引导发展国有资本、集体资本、非公有制资本相互融合、交叉持股的混合所有制企业，规范混合所有制企业中的国有资本监管办法，高效服务混合所有制经济活动中的以股份制产权为纽带的资本合作、企业合作和产业合作行为，激发混合所有制经济发展创造力，为国民经济高效率发展增加新动力。

（原载于《湖北政协》2014年第3期）

健康发展混合所有制企业

公有制经济和非公有制经济都是推动我国经济社会发展的重要力量，都有各自的发展优势，怎样把两种经济发展优势结合起来，产生新优势，积极发展混合所有制经济就是重要途径。

积极发展混合所有制经济要落实到企业，落实到不同所有制资本以股份制为纽带优化组合形成经济利益共同体，并以现代企业制度科学管理企业，提高企业市场竞争力和经济发展效率。

有四个案例值得研究：

有一个国有资本与民间资本各占50%股权的混合所有制企业——东风小康汽车有限公司，连续七年保持高速发展，每年30万辆微型车产销两旺，成为"国企与民企在汽车行业结合的良好典范"。究其原因，混合所有制企业集合了国有企业品牌技术和民营企业机制灵活双重优势，形成了国有经济与民营经济利益共同体。

有一个由乡镇企业股份改制上市时保留部分集体股份形成的混合所有制企业——湖北福星科技股份有限公司，持续32年不断壮大、健康发展，重要原因之一，得益于企业与所在社区的唇齿关系，并形成了民营经济与集体经济利益共同体。

有一个由科研事业单位改制形成的混合所有制企业——湖北华烁科技股份有限公司，国有股占20%，职工股占80%，职工具有员工和股东双重身份。通过建立主人翁地位激励机制，使职工思想境界实现了由"干工作"向"干事业"升华；建立压力传导机制，产生了企业全员"共担责任、共同发展"的内生动力；建立利益共享机制，形成了国家、职工、企业经济利益共同体。

有一个由中国企业与加拿大企业合资共建的混合所有制经济产业园区——湖北现代中加科技城，以中资企业和外资企业经济利益共同体方式培育出了中加、中美、中德合资企业，并带动一批国内外中小企业入驻，走出了一条中资企业和外资企业混合所有制经济发展新路径，形成颇具特色的"产业园区经济兴奋点"。

以经济利益共同体为核心的混合所有制企业，有利于发挥不同所有制资本结合的力量、提升企业发展能力与动力，有利于促进建立现代企业制度、健康发展企业，这就是混合所有制企业的新优势。

建立具有经济利益共同体和现代企业制度特征的混合所有制企业，需要参与其中的国有企业、集体企业和非公有制企业优化混合意识与行为。

（一）优化国有资本营运方式

围绕"增强国有经济活力"目标转变国有资本经营方式，由承担经济发展单一功能向承担经济发展和经济促进双重功能转变，促进混合所有制企业形成与发展；围绕"增强国有经济控制力"目标，发展国有资本控股、非国有资本参股的混合所有制企业，发挥国有经济主导作用，控制并带动更多的资本发展壮大国家支柱产业；围绕"增强国有经济影响力"目标，发挥国有资本的经济杠杆作用，促进发展非国有资本控股的混合所有制企业，促进混合所有制经济高效率发展和非公有制经济健康发展。建议国家出台关于鼓励支持发展国有资本控股和非国有资本控股的混合所有制经济及非国有资本以多元化股权形态进入国家特许经营领域的政策措施。

（二）积极发展混合所有制企业

通过发展混合所有制企业，促进国有企业和非国有企业建立健全现代企业制度和公司法人治理结构，完善公有制和非公有制财产权保护制度，实行企业重大信息公开制度。

（三）科学配置混合所有制企业产权

让市场起决定性作用配置混合所有制企业产权。建立由政府监管的、按照市场机制运行的企业产权交易机构，服务国有企业、集体企业和非公有制企业产权交易，促进形成混合所有制企业并公正、透明、高效地服务其调整产权结构。

（四）以现代企业制度规范混合所有制企业行为

产权清晰、权责明确、决策民主、管理科学、富有效率、企业责任等基本要义，要以现代企业制度形式确定下来，保障靠资本参与分配者和靠劳动参与分配者利益公平，保障企业可持续发展，保障企业与人、与社会、与环境和谐发展。不同类型的混合所有制企业其现代企业制度不尽相同，重在把非公有制企业机制灵活和国有企业管理规范的优势结合起来，国有企业及领导人"去行政化"、私营企业及投资人实行企业资产与个人资产分开，混合所有制企业实行所有权和经营权分离至关重要。

2014年

市场竞争取胜必须树立企业正气

企业是法人，也如人，如人一样有气节。报国的理想信念、现代的企业制度、光彩的社会责任是企业正气行为三要素。

正气是企业信念

"天地有正气，杂然赋流形"。企业正气是社会正气的重要表征，是企业调节自我、适应环境、抗邪防病、健康发展的精神力量。"爱国、敬业、诚信、守法、贡献"，是形成共识的中国民营企业正气观。树立企业正气，必须坚定对中国特色社会主义的信念、对党和政府的信任、对企业发展的信心。湖北劲牌公司把树正气作为企业修养、企业文化、企业价值观，作为企业行为哲学和处事准则，以企业全员认同、经得起历史考验、有利于企业健康发展为宗旨，收到和谐企业团队、科学发展企业、有益于小康社会建设多重功效。

正气是企业规则

"不以规矩，不能成方圆"。1993年，党的十四届三中全会通过的《关于建立社会主义市场经济体制若干问题的决定》中明晰了国有企业现代企业制度的基本特征："产权清晰、权责明确、政企分开、管理科学。"不仅成功地引领了国有企业建立现代企业制度，而且也为民营企业建立现代企业制度提供了有益借鉴，特别是"政企分开"为民营企业实行所有权与经营权分离提供了经验。湖北现代城建集团联手加拿大贝祥投资集团在湖北仙桃市建设"中加科技城"，吸引中国、加拿大、美国、德国企业入驻，多国企业在同一个民营经济开发区内，以合同和信用为规则，话友谊、谋合作、共发展，创造了县域经济兴奋点。科学的企业规则有利于提升企业能力，包括科学管理能力、经济合作能力、技术创新能力、产品生产能力、市场竞争能力和健康发展能力。

树立企业正气需要医治道德失范、信用缺失、法制意识淡漠等疾病，建设"企业行为美"。建立企业廉洁风险防控的制度防线、纪律防线、道德防线有利于企业安全、健康与发展。湖北省人民检察院与省工商联联合建立涉及民营企业的受贿行贿犯罪预防机制；湖北省纪委、组织部、统战部、政法委、工商联、监察厅、工商局、预防腐败局联合推进廉洁文化进企业，指导民营企业重点防控商业贿赂等不正当行为；湖北省政法委发布关于优化法制环境促进经济发展16条意见，湖北省委、省政府支持开展百家民营企业评议政府部门，有力有效地促进政府改进公共服务、改善发展环境，促进树立企业正气，促进民营企业健康发展和非公有制经济人士健康成长。

正气是企业责任

企业责任是一种企业与人、与社会、与环境和谐相处、共同受益的平衡意识与理智行为。树立企业正气，就要履行企业经济责任，对股东、企业全员、企业发展负责；树立企业正气，就要履行企业社会责任，对消费者、利益相关者和社会公众负责；树立企业正气，就要履行企业环境责任，对环境、生态和未来负责。履行企业责任应该遵循人与企业和谐发展、靠劳动参与分配者和靠资本参与分配者共同发展、企业核心竞争力与产品竞争力同步发展、企业环境保护能力与生产发展能力统筹发展、企业社会形象竞争力与经济竞争力相互促进发展五项原则。切实履行企业责任，有利于和谐企业的逐利行为与社会相关人利益与社会共同利益间的依存关系，有利于和谐企业与当地政府、所在社区的唇齿关系，有利于和谐企业团队并改善人力资源管理，有利于提升企业品牌和产品品牌形象，有利于企业结交合作伙伴并获得优质经济社会资源，有利于企业赢得客户和社会公信。总之，履行企业责任，是全面提升企业竞争力的高效途径。中国泛海集团的"一二三四经"，即：一是发展好企业，二是履行纳税义务，三是扩大就业，四是在社会需要的时候挺身而出，在中国民营企业界引起广泛共鸣；泰康人寿集团以提供卓越的保险金融产品和服务，帮助人们安排健康、幸福的新生活为社会责任；武汉百步亭集团开发的百步亭社区建设中国特色的和谐社区，受到老百姓称赞；吉利集团引入"各美其美、美人之美、美美与共"的人文理念，极大助推了企业国际化以及可持续发展。

全面建成小康社会要集合包括企业公民在内的全体社会公民的共同智慧和力量。"蓬勃朝气、浩然正气、昂扬锐气"是自然人的高尚品格，也应成为企业法人的气节。守正出奇，必须守住企业道德、规则、责任之正，方能出高效生产、经营、管理之奇。正气是企业品格之灵魂，企业信念、企业规则、企业责任都与它紧密相连、息息相关；正气是企业生存之基、发展之要、竞争之力，是企业永葆青春活力的保健良方。市场竞争取胜必须树立企业正气，汇聚中国经济正能量必须汇聚企业正气。

（原载于《人民政协报》2013年10月11日）

加强对民营企业法律服务

党的十八届四中全会提出，全面推进依法治国，建设中国特色社会主义法治体系，建设社会主义法治国家，促进国家治理体系和治理能力现代化。民营企业作为对市场信号反应最灵敏的经济组织和市场主体，既是法治建设的受益者，也应是法治中国的建设者。加强对民营企业的法律服务，有利于增强其法治意识与行为、推动其依法经营并积极参与法治建设，这事关法治中国建设的大局。四中全会决定，顺应了广大民营企业"盼公平、求安全、要法治"的呼声，也给加强民营企业法律服务提出了新要求。

改革开放以来，随着非公有制经济发展的法治环境不断优化，民营企业法律意识不断增强，广大非公有制经济人士注重学法、知法、守法、用法，法律素养逐步提升。但是，我们也看到，非公有制经济领域违法违规现象时有发生，有的民营企业出资人伴随腐败官员应声落马。究其原因，既与经济转型时期和市场经济体制不断完善过程中，尚有一些制度和法律不够完善有关，也与部分民营企业出资人和管理者法律意识淡漠，遇到生产经营纠纷不懂得通过法律途径解决，而是找门路、托关系乃至通过行贿寻求问题解决有关，还与有的企业忽视安全生产和环境保护，一味追求利润制假售假有关，同时也与一些地方存在选择性执法、钓鱼式执法、滥用自由裁量权等不当执法行为有关。

新形势下，建设中国特色社会主义法治体系，建设社会主义法治国家，关系到民营经济可持续健康发展，关系到广大非公有制经济人士对中国特色社会主义的信念、对党和政府的信任、对企业发展的信心、对社会的信誉。

一、加强对非公有制经济人士的法治教育引导

大力宣传贯彻落实党的十八大、十八届三中和四中全会精神，在全国范围内引导广大非公有制经济人士坚定中国特色社会主义理想信念，树立法治是企业的基本行为准则的观念，自觉维护法律权威。通过多层次、多渠道的教育培训活动，引导广大非公有制经济人士学法、知法、守法，树立"守法最安全""守法是对企业的最大保护"的法治思维，提高自我保护能力。

二、促进民营企业依法经营和积极履行社会责任

鼓励和指导民营企业建立现代企业制度，提升管理水平和可持续发展能力。通过树立和宣传典型，引导广大非公有制经济人士树立和强化社会责任意识，积极履行发展企业、提供就业和关爱员工的主要社会责任，维护市场秩序、严格诚信守法的基本社会责任，以及扶危济困、产业报国的长期社会责任。

三、以法治规范公平竞争的市场秩序

全面深化经济体制改革，尽快出台商业行为法，规范市场竞争秩序，推动实现市场主体"权利平等、机会平等、规则平等"。推进企业诚信建设，建立真实透明、可查询可监管的中国市场主体征信体系，以诚信为要义奠定市场主体法治行为基础。加强企业标准管理，在重视国家标准与行业标准体系建设的同时，重视企业产品标准制度建设，加强企业生产监管，堵住假冒伪劣产品源头，防范产品质量安全事故发生。

四、严格依法行政

只有依法行政，才能政令畅通，广大民营企业的合法权益才能得到有效保护。要进一步规范行政机关的权限范围和行政权力运行的各个环节，通过加强行政执法监督，确保行政机关严格按照法定程序、法定权限、法定职责行使权力。同时，各级行政机关要增强法治观念，建立清正廉明的制度防线和纪律防线，阻断寻租腐败链条，切实做到依法行政，为民营企业健康发展和非公有制经济人士健康成长营造良好的政务环境。

2014年

大力加强市场主体信用体系建设

自2004年起，历时10年，人民银行组织金融机构，逐步建立起覆盖全国的关联企业和个人的信贷征信系统，建立了金融信用信息基础数据库；2013年，国务院发布并实施了《征信业管理条例》，为推进社会信用体系建设做出了制度安排；2014年，工商行政管理部门开通了"全国企业信用信息公示系统"且查询方便，受到社会称赞；2015年1月，人民银行发布《关于做好个人征信业务准备工作的通知》，开启了民营企业开展个人征信业务、试点放开市场化征信业务的闸门。以上四件大事，标志着我国实行社会信用管理迈开了大步伐，为建立健全国家信用体系奠定了重要基础。但是，从市场经济活动对信用服务与管理的需求来看，仍有一些现象与问题应引起重视：

一是人民银行建立的金融信用信息系统，为从事金融活动的企业和个人建立了一个"金融身份证"，要建立真正意义的"经济身份证"还需要补充金融活动以外的如直接融资、商品交易、经济合作等市场信用行为信息等。

二是现行金融信用信息基础数据库及运行系统存在信息采集受限、档案数据不完整、查询不便、知晓度不宽、利用不充分等问题。

三是非法的信息采集、交易和利用行为严重干扰征信市场、干扰人们正常工作生活，引起人民对信息安全的忧虑，其中，电信用户信息泄露与非法利用危害最大，对此缺乏有效监管。

四是各商业银行眼花缭乱的理财业务与接连发生的"存款失踪"甚至"假银行"现象冲击人们心灵，人们对银行内部管理能力与外部监管能力产生疑虑，对储蓄安全产生担忧。

因此，必须高度加强市场主体信用体系建设与信用行为监管。

一、拓宽征信渠道，完善征信服务体系

在巩固发展金融征信、试点开展个人征信业务的基础上，鼓励支持引导行业商会（协会）参与征信活动。实践证明，行业商会（协会）网络联系着行业骨干，最了解、比银行更了解市场主体（包括企业和个人）的市场行为与信用状况，应充分发挥其信用服务与监督作用，结合我国国情，逐步建立形成人民银行主导的信贷征信、企业机构开展的市场化征信与行业商会（协会）开展的行业合作征信相结合的一体多元的征信服务体系，集合国家行为动力、市场化行为动力和行业合作行为动力共同推进我国征信工作及业务高效率开展。

二、提升征信服务绩效，提高市场主体参与利用征信积极性

便捷金融信用查询方式：除了门店登记查询、网上注册查询外，开通柜员机（凭身份证或营业执照原件）查询业务。制定征信行业行为规范，要求征信机构发布年度报告，公布管理对象、信息利用等基本情况，赢得社会公信；明晰信息采集边界和信用评级规程，防范利益导向评价结果偏离客观实际、误导信用利用的不良现象发生；让市

场主体切实感受到能利用信用杠杆破解信用融资、信用交易难题，感受到守信行为受益、失信存在风险。

三、建立市场主体综合信用信息档案系统，实行市场信用行为监察制度

在建立征集式社会信用信息系统和登记式工商注册信用信息系统的同时，建立记载式综合信用信息档案系统，以行政监管方式，综合利用金融、商务、工商、税务、司法等方面的信用信息，监测与管理市场主体重大失信行为。

四、进一步加大信用信息公开力度，激励并约束市场主体规范行为

"全国企业信用信息公示系统"开通后，受到市场主体和消费者广泛关注和欢迎，需要进一步扩大企业覆盖面，充实信用内容（包括注册登记信息和企业行为信息）。大力倡导市场主体信用信息自我公开，大力推进市场主体信用信息监管公开，以信用信息公开促进"公平开放透明"的市场环境建设，鼓励支持"百城万店无假货"诚信宣言、"重合同、守信用"企业公告、"行业失信行为档案""失信被执行人曝光台"等红黑名单管理措施，促进市场主体信用行为健康。

五、出台商业行为法，以法治力量促进市场主体信用行为规范

以信用为要义，规范商品市场行为，及时查处、坚决治理"假银

行""存款失踪""非法集资""地下钱庄""假冒伪劣""坑蒙拐骗"等失信行为现象；以信用为要义，规范征信市场行为，防止重视征信产业发展，忽视征信服务能力建设；以信用为要义，规范市场监管行为，以法治约束不当干预，双向解决对中小企业管理"三乱"（乱收费、乱曝光、乱罚款）和对大企业"三不"（不敢管、不能管、管不了）等问题，公正市场主体信用监管规则，均等市场主体接受信用监管义务，强化政府对市场主体信用监管权威。通过依法规范信用自觉、信用服务、信用监管行为，促进社会主义市场经济健康发展。

2015年

概　述

　　商会是商人自愿参加的、依规章组建的，经过政府许可并登记注册的，以维护会员合法权益、服务会员发展、集合会员力量办大事的，以促进商业（以及有商业行为的各行各业）繁荣为宗旨的社会法人团体。

　　商会天然具有民间属性，故又称民间商会。商会是商人（主体是民间商人）的组织。商会与民营经济、民营企业相伴相随。

关于商会渊源

　　商会是"舶来品"，追溯其历史，最早发端于欧洲。一般认为，世界上第一个符合近代商会含义的商会组织是法国马赛商会，1599年建立，1650年登记注册。现代英语称商会为"chamber of commerce"，其中的"chamber"和"commerce"两个词都来自法语。也有人认为，在1599年之前，地球上就出现了商会，但无具体、准确、公认的例证。

关于中国近代商会

　　中国近代商会创始于清末，系指按照"官方法令"设立或按照"官方许可"组建的中国商人或外籍在华商人社团组织。中国近代商会有别于"会馆""会所""公所""公会""行会""行帮""商帮"等传统的民间经济组织。

1834—1923年，外籍在华商人在广州、上海、香港、天津等通商口岸共建立"洋商会"约61个。洋商会从意识与行为上影响了中国商人组建商会组织。

1861年，香港总商会建立。1900年，香港中华总商会建立。

1902年，上海建立"上海商业会议公所"。1903年后，天津、汉口、广州、厦门、苏州、杭州、重庆等地相继建立"商业会议公所。"1904年以后，各地的"商业会议公所"相继更名为"商务总会"。至1908年，已经出现58个商务总会，223个分会（其中海外分会9个）。

从1907年"发起"，1912年"重提并决议并获准"，1913年"任职启印"，到1914年召开代表大会，正式宣告全国性商会组织——"中华全国商会联合会"成立。

伴随商会组织的建立，关于"商权""商战""商学"思想的讨论，关于对商会地位、性质、作用的理解，关于认识上为何办商会、组织上如何办商会、功能上如何营运商会等方面进行了有益的探索与实践。

历史上，"广州十三行"建立的同业商人行会组织"洋行会馆"（又称"公行"，从乾隆二十五年"奉准成立"至乾隆三十六年"即被解散"，从乾隆四十七年"再度恢复"至道光二十三年"再度废除"），是否为中国最早的商会组织，有过争论。如果是，虽然其存在的时间短暂，但中国出现商会的历史可提前至1760年。

关于中国当代商会

关于组织工商业联合会。

中国当代商会策划于中华人民共和国成立前夕。1949年8月，中共中央发出《关于组织工商业联合会的指示》。1951年2月28日，中共中央在《关于进一步加强统一战线工作的指示》中指出，必须加强工商业联合会的工作，准备建立全国工商业联合会。公营企业必须积极参加工商业联合会的活动。党和人民政府，则通过统战部门和财经部门，去实现对工商业联合会的业务的和政治的领导。

1950年起，天津、上海、湖北、浙江、广东、福建等一些省市，在党委政府的领导下，在接受和改造旧商会、旧工业会、旧同业公会的基础上成立了工商业联合会，各地市县级工商业联合会相继成立。

1953年11月，中华全国工商业联合会在北京成立。

关于工商业联合会的性质、地位与作用。

1952年8月1日，政务院第147次政务会议通过了《工商业联合会组织通则》，明确了工商业联合会是各类工商业者联合组成的人民团体，它的基本任务是：（1）领导工商业者遵守《共同纲领》及人民政府的政策法令；（2）指导工商业者在国家总的经济计划下，发展生产，改善经营；（3）代表私营工商业者的合法权益，向人民政府或有关机关反映意见，提出建议，并与工会协商有关劳资关系等问题；（4）组织工商业者进行学习、改造思想和参加各种爱国运动。

1991年7月6日，中共中央发出《关于批转中央统战部〈关于工商联若干问题的请示〉的通知》（中发〔1991〕15号），进一步明确了工商联组织的性质：工商联作为党领导下的以统战性为主，兼有经济性、民间性的人民团体，政府管理非公有制经济的助手，党和政府联系非公有制经济人士的桥梁。

1993年10月13日，在中华全国工商业联合会第七次会员代表大会开幕式上，宣布中共中央国务院批准中华全国工商业联合会同时又叫中国民间商会，并明确指出："工商联既是统一战线的人民团体，也是中国的民间商会。"

2000年12月4日，江泽民在全国统战工作会议开幕式上发表重要讲话，指出：应本着"团结、帮助、引导、教育"的方针，着眼于非公有制经济健康发展和非公有制经济人士健康成长（两个健康）。

2017年11月26日通过的中国工商业联合会章程，对工商联组织作了最新阐述：中国工商业联合会（简称工商联）是中国共产党领导的以非公有制企业和非公有制经济人士为主体，具有统战性、经济性、民间性有机统一基本特征的人民团体和商会组织，是党和政府联系非公有制经济人士的桥梁纽带，是政府管理和服务非公有制经济的助手，是中国人民政治协商会议的重要组成部分。工商联工作是党的统一战线工作和经济工作的重要内容。工商联事业是中国特色社会主义事业的重要组成部分（三性特征、三大功能、三大成分）。

当前，中国工商业联合会及其所属所联系的各级各类商会组织形成网络，成为全世界最大的商会组织。截至2016年底，全国共有县级以上工商联组织3407个，各级工商联所属商会共有44375个。全国工商联同世界上100多个国家和地区的400多个组织、机构、商会等建立了广泛联系和友好合作。

1988年经国务院批准成立的中国国际商会是由在中国从事国际商事活动的企业、团体和其他组织组成的全国性商会组织。其主要职能是促进中外经贸交流与合作，代表中国工商界向国际组织和中外政府部门反映利益诉求，参与国际经贸规则的制定和推广，在企业界积极倡导社会责任与公益事业。截至2017年底，中国国际商会会员数量8万多家，其中包括大多数中央企业、全国性金融机构以及涉外民营企业和外资企业。当前，中国国际商会已经成为我国最大的涉外商会组织。

2018年6月

促进发展　时不我待

2010年是工商联历史上极不平凡的一年，胡锦涛总书记就转变经济发展方式要落实到企业发表重要讲话，中共中央、国务院第一次专门就工商联工作下发文件：《关于加强和改进新形势下工商联工作的意见》（中发〔2010〕16号）。

对于湖北来说，新任省委书记李鸿忠、新任代省长王国生在一周前发表履新后求真务实、充满激情、令人振奋的工作报告。李鸿忠专门针对湖北民营经济发展提出了亲商、利商、留商、暖商、敬商、懂商、悦商，营造湖北良好人文环境的观念。这一观念极大地鼓舞了广大非公有制经济人士和工商联系统干部职工的士气。

2010年湖北市场主体数量增速加快，到2010年9月底，私营企业户数超过26万户，个体工商户超过150万户，是增速最快的年份。这得益于各级党委政府大力优化投资环境，得益于大力放宽市场准入门槛，得益于重商亲商文化氛围的形成。湖北民营企业发展亮点纷呈。劲酒集团发布企业社会责任报告，九州通、福星股份等一批上市公司表现优秀，卓尔集团、金马凯旋、华丽环保、合众人寿等一批新型企业做大做强，智能电梯成为畅销欧、美、亚洲的国产品牌，大枫纸业成为联合国文化用品定点供应商，江通动漫吸引文化市场和业界眼球。同时涌现出了"信义兄弟"这样感天动地的民营企业家代表。

工商联组织肩负着促进非公有制经济健康发展和非公有制经济人士健康成长的双重使命，目前的形势既喜人又逼人，工商联要当好政府管理非公有制经济方面的助手，促进经济发展，时不我待。应该在以下三个方面"大有作为"。

在营造有利于民营经济发展软环境方面大有作为

新任湖北省委书记李鸿忠在全省经济工作会议上提出："环境就是生产力，环境就是竞争力，环境就是吸引力，环境就是创造力，环境就是发展的生命线。"全省各级工商联组织要把思想和行动统一到全国全省经济工作会议精神上来，切实发挥好政府的助手作用，在营造湖北优良的民营经济发展环境方面办好"服务台"，当好"服务员"。让优良的人文软环境"营造气候、土壤、空气、阳光、水分"，让优良的人文软环境"生长人才、项目、资本、企业和企业家"，让优良的人文软环境促进非公有制经济人士健康成长，促进民营经济健康发展。

在服务与促进民营经济发展上大有作为

"质与量"是民营经济发展的双重目标。湖北民营经济发展要致力于加大经济发展增量，提高经济发展质量。目前正好是"十二五"规划重大战略机遇期，新的一年里，全省各级工商联组织一定要深入贯彻党的十七届五中全会精神和全国全省经济工作会议精神，深入贯彻全国加强和改进工商联工作会议和全国工商联十届四次执委会精神，着力在服务民营经济科学发展、探索改进非公有制经济人士思想政治工作、引导会员企业自觉履行社会责任、加强工商联和各类商会组织建设等工作方面下功夫、求实效，努力开创科学发展工商联事业的新局面。同时要致力于破解民营经济发展难题。

近年来，湖北省工商联先后与省农业发展银行、省工商银行、浦东发展银行武汉分行、汇丰银行武汉分行建立合作关系，在企业和银行之间建立互信互知机制，"让企业了解银行，让银行了解企业"，通过省市县三级工商联的桥梁作用，为解决"企业难贷款、银行贷款难"问题走出了一条新路。

在着力增强民营经济发展活力方面大有作为

竞争与合作是区域经济发展的两大特征，要保持区域经济发展的活力与动力，就应该不断增强"经济吸引力"，不断创造"经济兴奋点"。湖北地处中部，九省通衢，人力资源丰富，产业基础较好。湖北省委明晰了"武汉城市圈""鄂西生态文化旅游圈"和"长江经济带"的区域经济发展战略，创造了湖北区域经济发展兴奋点。湖北省工商联要在围绕科学发展，围绕转变经济发展方式，围绕培育民营经济兴奋点上下功夫、做文章。经过充分调查研究，我们可以选择在创新发展文化经济产业方面努力寻找市场兴奋点、投资兴奋点、文化兴奋点和旅游兴奋点，切实当好政府助手，集中商会组织和会员的智慧和力量，服务与促进"大武汉博海学岛""大武汉水舞剧院""大武汉汽车乐园""大武汉市场集群"四大工程项目建设；服务与促进"仙桃中加科技城""孝感中加产业园""汉川沉湖生态文化园""武汉文化大观园"四大科学文化产业园区建设。

新年的号角已经吹响，"十二五"规划的大幕已经拉开，湖北全省广大非公有制经济人士和工商联工作者热烈响应省委工作会议暨全省经济工作会议提出的号召，舒活筋骨，抖擞精神，解放思想，扎实工作，努力为促进科学发展贡献智慧和力量。

（原载于《中华工商时报》2011年1月13日）

湖北省工商联事业发展60年

1951年12月，在中共湖北省委、省政府的领导下，湖北省工商联在接受和改造旧商会、旧工业会、旧同业公会的基础上成立。

在新中国成立初期，全省各级工商联积极组织工商业者学习《共同纲领》和国家政策法令，贯彻"发展生产、繁荣经济、公私兼顾、劳资两利"的方针，协助党和政府发行胜利折实公债和经济建设公债并号召和动员工商界踊跃认购公债，为国家筹集建设资金，为恢复生产、发展城乡物质交流，为全省国民经济恢复、财政状况好转贡献了力量。

在抗美援朝爱国运动中，积极组织工商业者捐赠飞机30架，支援前线，全省私营工商业的捐赠约占全省捐赠的2/3。

在社会主义改造时期，积极开展爱国主义、社会主义教育，积极引导广大工商业者"听毛主席的话，跟共产党走，走社会主义道路"，自觉把自己的命运和祖国的前途结合在一起，在协助政府完成对资本主义工商业的社会主义改造，积极参加社会主义建设方面发挥了重要作用。

在社会主义改造基本完成后，全省各级工商联组织协助党和政府搞好公私合营，组织和推动工商业者进行爱国主义、社会主义学习和自我教育，组织他们投入增产节约和社会主义劳动竞赛，积极开展

"献知识、献力量"立功活动。

在"文化大革命"中，湖北省工商联和广大工商业者经受了政治考验，坚信共产党领导，坚持走社会主义道路。当时，大多数工商业者在艰难的处境中为国家做了大量工作。党中央给予工商联和广大工商业者"难能可贵"的高度评价。

在社会主义现代化建设大业中，全省各级工商联组织在党和政府的领导下，坚决贯彻执行党的基本路线，引导广大工商联成员"坚定不移跟党走，尽心竭力为四化"，团结带领广大工商联成员为促进湖北经济社会发展贡献智慧和力量。

在改革开放的大潮中，湖北人民在十一届三中全会精神的指引下，放弃了姓"资"姓"社"的争论，全省上下展开了一场改革击破传统、开放突破封闭、市场打破计划、民营冲破国营的思想解放和实践探索的全民运动，迅速掀起了民营经济发展热潮。全省各级工商联组织努力当好党和政府联系非公有制经济人士的桥梁、纽带，努力当好政府管理非公有制经济方面的助手，致力于引导非公有制经济人士健康成长，促进非公有制经济健康发展。

在政协大家庭中，工商联是一位重要成员。与各民主党派和人民团体一道，积极参政议政，建言献策，为建设伟大祖国构建和谐湖北贡献智慧和力量。2008年3月，在省政协的精心组织下，有湖北省工商联成员身份的6位全国政协委员与35位在鄂全国政协委员一道向全国政协十一届一次大会提交的《关于请求对湖北四湖流域实施血防综合治理的提案》列为全国5件重点督办提案之一，受到贾庆林主席和国务院副总理李克强、回良玉等领导的重视并批示，湖北省政府、卫生部、农业部等启动了省部联合防治行动，进一步增加了经费投入，加快了工作进程。该提案受理办理情况写入了全国政协十一届二次会议提案工作报告。

"促进非公有制经济人士健康成长"是工商联组织的重大工作责任。全省各级工商联积极引导广大会员"爱国、敬业、诚信、守法、奉献",做合格的中国特色社会主义事业建设者,积极引导会员履行社会责任,参与新农村建设,参与"光彩事业""回归工程""温暖工程""民企联村",参与"招工扶贫安置就业",奉献慈善事业、公益事业和社会事业,为促进湖北经济社会发展做出了重要贡献。湖北省工商联会员中有一大批被评选为各级人大代表、政协委员、劳动模范、优秀企业家,被评选为全国全省中国特色社会主义事业建设者。

"促进非公有制经济健康发展"是工商联组织的重大工作任务。得益于改革开放,得益于党的好政策,得益于省委省政府的正确领导,得益于全民积极创业,湖北民营经济经历了从无到有,从允许存在,到必要补充,到重要组成部分,到鼓励支持与引导其发展等重要发展历程,经历了"萌芽发展""突破性发展""规模发展""嫁接发展""一主三化发展"五个发展阶段,一步一个台阶,发展成绩显著。

近年来,湖北省委省政府高度重视发展民营经济,通过确立"一主三化"的发展方针,通过开展"百家民营企业评行风""用硬措施改善软环境",通过建立行政服务中心、建立企业直通车服务机制提升政府服务效能等一系列政策措施和工作措施,大力推动了湖北民营经济健康发展。

发展绩效:一是民营经济成分的市场主体快速发展,到2010年11月底,全省私营企业达到26.7万户,注册资本金达到5313.8亿元;个体工商户数达到154.5万户,注册资本金达到567.4亿元。二是民营经济成为扩大就业的主渠道,到2009年底,全省个体户和私营企业共吸纳就业总人数达到560.5万人。三是民营经济贡献税收增长的能力逐步增强，到2010年上半年，全省私营企业税收达到65.7亿元，同比增长51.4%，占全省税收比重达到18.8%。四是民营经济贡献区域经济增长的能力逐年提高，到2010年上半年，全省民营经济增加值达到3336亿元，占GDP的比重进一步上升到50.2%。民营经济成为促进全省经济较好较快发展的重要力量。

发展表现：一是民营企业健康发展逐步做大做强，2010年，湖北省有16家企业跻身全国民营企业500强，拥有数量在全国31个省份中排名第五。九州通集团跻身中国企业500强。二是一批民营企业引领行业发展，成为产业发展排头兵，2009年，全省涌现出福星集团等17家企业，成为湖北具有带动力民营龙头企业；合众人寿保险股份有限公司等一批企业推选为湖北最佳成长型民营企业。三是"一主三化"发展方针推动全省县域经济"提质提速、结构改善、后劲增强、竞相发展"，2009年，全省县域GDP达到7208.6亿元，增幅15%。四是民营工业较好较快发展，2009年，全省规模以上工业企业资产达到2013.8亿元，主营收入3453.2亿元，实现利润148.2亿元，上缴税金112.2亿元。

发展变化：一是民营市场主体数量快速增加，规模扩大；二是外向型民营经济发展速度加快；三是企业之间、产业之间经济合作性加强；四是企业自主创新能力和品牌创造能力提高；五是民营经济推动县域经济加快发展；六是民营企业上市数量增多、步伐加快。这六大可喜变化，成为促进湖北经济快速健康发展的重要推动力量。

近年来，湖北省委省政府高度重视工商联工作，在全国率先发出了关于进一步加强工商联工作的意见（鄂发〔2005〕16号）、关于加强县级工商联工作的意见（鄂办发〔2009〕40号）和关于建立省级领导联系省外湖北商会制度（鄂办文〔2010〕39号）三个重要文件，大力推动了工商联事业健康发展。省检察院、省工商联在全国率先建立了共同做好涉及非公有制企业的受贿行贿犯罪预防工作机制，省工商联与省农业发展银行、省工商银行、浦东发展银行武汉分行、汇丰银行武汉分行等金融机构建立了合作机制，建立了"让银行了解企业，让企业了解银行"的银企互知互信机制，对疏通融资瓶颈发挥了积极作用。

近年来，湖北省委省政府和国家有关部委大力激励工商联组织和广大成员，先后授予湖北工商联全省劳务经济开发先进单位、《湖北年鉴》撰稿先进单位、第三届中博会突出贡献奖和优秀组织奖、2008年度、2009年度和2010年度全国工商联十大亮点工作、第九届"华创会"组织工作先进单位等荣誉。

当前，全省各级工商联组织和广大成员决心高举建设中国特色社会主义大旗，在湖北省委省政府的领导下，努力为建设伟大祖国添砖加瓦，增光添彩，为把湖北建设成为促进中部崛起的重要战略支点贡献力量。

（原载于《世纪行》2011年第11期）

坚持三性统一　激发中国特色商会组织活力

坚持统战性、经济性、民间性有机统一，是中国特色商会组织的基本特征。如何牢牢把握统战性，充分发挥经济性，切实体现民间性，是事关中国特色商会组织科学管理、工作开拓创新、事业健康发展的重大课题。

在推进社会主义现代化建设的新形势下，中国特色商会组织肩负着为坚持改革开放、推动科学发展、促进社会和谐凝心聚力的现实任务，肩负着"促进非公有制经济健康发展"和"促进非公有制经济人士健康成长"的重大责任，肩负着团结非公有制经济人士全面建设小康社会、建设中国特色社会主义事业的历史使命。

一、把握统战性，促进非公有制经济人士健康成长

"促进非公有制经济人士健康成长"，需要引导非公有制经济人士坚定走中国特色社会主义道路的信念，引导非公有制经济人士爱国、敬业、诚信、守法、贡献，做合格的中国特色社会主义事业建设者，引导非公有制经济人士特别是代表人士树立国家视野、民族情怀，正确处理好国家和民族利益与企业和个人利益之间的关系，引导非公有制经济人士把履行企业经济责任、环境责任、社会责任作为主动意识与自觉行

为，引导非公有制企业努力做到人与企业和谐发展、靠劳动参与分配者与靠资本参与分配者共同发展、企业核心竞争力与产品竞争力同步发展、企业环境保护能力与生产发展能力统筹发展、企业社会贡献力与生产发展能力相互促进发展等，这些既是社会主义民主政治建设的重要内容，也是中国特色商会组织统战性质的具体体现。

湖北省委省政府高度重视非公有制经济和工商联事业发展，高度重视发挥商会组织作用，发展壮大促进经济发展的统一战线。连续出台了四份关于加强工商联和商会建设的重要文件。2005年，在全国率先出台了《中共湖北省委湖北省人民政府关于进一步加强工商联工作的意见》（鄂发〔2005〕16号），明确规定工商联作为非公有制经济领域内的行业商会（协会）、同业公会、异地商会的业务主管单位；2009年，在全国率先出台了《湖北省委办公厅省政府办公厅关于加强县级工商联工作的意见》（鄂办发〔2009〕40号），明确了加强基层工商联和商会组织的政策措施和工作措施；2010年，在全国首例出台了《湖北省委办公厅省政府办公厅关于建立省领导联系省外湖北商会制度的通知》（鄂办文〔2010〕39号），充分调动了在省外工作的湖北籍非公有制经济人士参与湖北经济社会建设、促进两地经济合作交流的积极性；2011年，出台了《中共湖北省委湖北省人民政府关于进一步加强和改进工商联工作的意见》（鄂发〔2011〕9号），并召开了全省工商联工作暨民营经济工作会议，促进掀起了湖北民营经济发展新高潮。

二、把握经济性，促进非公有制经济健康发展

"促进非公有制经济健康发展"，需要坚持"毫不动摇地巩固和发展公有制经济"和"毫不动摇地鼓励、支持和引导非公有制经济

发展"并重的经济发展方针。改革开放以来，我国非公有制经济人士从无到有，队伍从小到大，目前，我国5000多万非公有制经济人士执业在900多万家私营企业和4000多万家个体工商户中，非公有制经济人士已经成为我国社会主义现代化建设的重要力量。建设社会主义现代化，这支队伍还需要进一步发展壮大，还需要进一步营造并优化有利于其诞生、成长、壮大的土壤和环境。湖北省委书记李鸿忠，倡导"产业第一、企业家老大"的重商文化，倡导"宁愿政府麻烦，不让企业费事"的服务理念，倡导用让优良的人文软环境"营造气候、土壤、空气、阳光、水分"，以利于"生长人才、项目、资本、企业和企业家"，倡导在以企业家为主角的招商会、座谈会上以"先商后政"的次序介绍与会人员，把企业家摆在更重要、更突出的位置。这些创新意识与行为，把非公有制经济人士推举到社会主义现代化建设的大舞台上来。

湖北省委省政府连续七年举办民营企业家代表座谈会，省四大家领导和党委政府部门主要负责人面对面地听取非公有制经济人士的意见和建议，当场解答或跟踪督办解决非公有制经济人士提出的问题。今年的座谈会议题，着重于改进政府经济服务，为非公有制企业排忧解难、办实事，致力于把湖北建设成为全国发展软环境最优的地区。湖北各级工商联和商会组织在服务非公有制经济活动中努力"办好服务台，当好服务员"，围绕省委省政府工作大局，致力于促进非公有制经济健康发展和非公有制经济人士健康成长。当前，湖北非公有制经济发展较好较快，私营企业超过30万户，个体工商户超过164万家，个体私营经济从业人员总数达到570万人，非公有制经济增加值占GDP的比重上升到52.3%。当前，全省广大非公有制经济人士在湖北省委省政府的领导下，积极参与武汉城市圈、鄂西生态文化旅游圈和长江经济带建设，参与武陵山少数民族地区和大别山革命老区经济社会发展试验区建设。

三、把握民间性，充分发挥非公有制经济人士在构建社会主义和谐社会中的重要作用

近年来，非公有制经济人士队伍不断发展壮大，他们是社会建设和社会管理的重要力量，他们有经济实力、有社会影响力、有爱国为民情怀、有感恩奉献促进共同富裕的高尚风范，是和谐社会建设的生力军，必须充分发挥他们的重大作用。

在构建社会主义和谐社会的大背景下，湖北省工商联和所属商会组织注重积极引导非公有制经济人士构建和谐企业，引导他们注重和谐企业与人与社会的关系，在企业内部，正确处理好投资者、管理者、普通劳动者三者之间的利益关系；在企业外部，正确处理好企业与利益相关者包括政府、所在社区、消费者、经济技术伙伴之间的关系，做负责任的企业，做到企业与人与社会相互依存、共同受益、和谐发展；注重引导非公有制经济人士建设企业诚信。通过建设企业诚信，优化企业文化、企业责任、企业形象，提升企业生产、经营、管理水平，提高企业持久的竞争力、影响力、发展力，增强企业发展的速度、效益、后劲。

在构建社会主义和谐社会的大合唱中，湖北省工商联积极引导非公有制经济人士参加新农村建设，按照湖北省委省政府提出的"坚持共同参与，组织社会帮扶，推进光彩事业和回归工程，进一步动员社会各界关心、支持、帮助贫困地区、革命老区和少数民族地区的开发建设"的要求，引导非公有制经济人士上山（唱山歌：发展山区经

济；演山戏：开发山区资源；富山民：帮助山民脱贫致富；兴山村：改变山区面貌）、下乡（兴办涉农企业，发展涉农产业，组织分散农户参与农业产业化经营）、回归（在外发展事业的同时，积极回家乡发展或支持家乡发展）。近年来，湖北省工商联会同省委统战部组织2444家企业回家乡参与新农村建设，带回资金47.9亿元，就地培训、转移、安置27.7万农民工就业，帮助3944个村，带动21.8万农户、84.2万农民脱贫致富奔小康。

在创新社会管理的新形势下，湖北省工商联及所属所联系的各类商会聚合组织力量，增强组织功能，围绕中心，服务大局，积极引导非公有制经济人士感恩社会、服务社会、回报社会。组织非公有制经济人士参与光彩事业、温暖工程、感恩行动，参与劳务经济开发和招工扶贫安置就业，为构建社会主义和谐社会贡献力量。由于全省广大非公有制经济人士和各级工商联商会组织的共同努力，为湖北省工商联工作赢得了荣誉："湖北省劳务经济开发工作先进单位"，第三届中博会"突出贡献奖"和"优秀组织奖"，2008—2010年连续三年进入全国工商联十大工作亮点。

（原载于《中华工商时报》2011年11月15日）

汇聚非公经济人士的智慧和力量　推进现代化建设

群众的智慧是无穷的。新形势下，中国特色商会肩负着促进非公有制经济健康发展，促进非公有制经济人士健康成长的重大责任和任务。

凝心聚力，把目标统一到建设中国特色社会主义事业上来

建设中国特色社会主义事业需要汇聚广大非公有制经济人士的智慧和力量。引导非公有制经济人士坚定走中国特色社会主义道路的信念，爱国、敬业、诚信、守法、贡献，做合格的中国特色社会主义事业建设者；引导非公有制经济人士树立国家视野、民族情怀，正确处理好国家、民族利益与企业、个人利益之间的关系；引导非公有制经济人士自觉履行企业经济责任、环境责任、社会责任。引导非公有制企业努力做到人与企业和谐发展、靠劳动参与分配者与靠资本参与分配者共同发展、企业核心竞争力与产品竞争力同步发展、企业环境保护能力与生产发展能力统筹发展、企业社会影响力与经济贡献力相互促进发展。

近年来，湖北省委省政府高度重视非公有制经济和工商联事业发展，高度重视发挥商会组织作用，发展壮大促进经济发展的统一战线。连续出台了四份关于加强工商联和商会建设的重要文

件。2005年，在全国率先出台了《关于进一步加强工商联工作的意见》，明确要求工商联发挥桥梁、纽带、助手作用，促进非公有制经济健康发展和非公有制经济人士健康成长；2009年，在全国率先出台了《关于加强县级工商联工作的意见》，明确了加强基层工商联和商会组织的政策措施和工作措施；2010年，在全国首先出台了《关于建立省领导联系省外湖北商会制度的通知》，充分调动了在省外工作的湖北籍非公有制经济人士参与经济社会建设、促进工作所在地和家乡所在地经济合作交流的积极性；2011年，出台了《关于进一步加强和改进工商联工作的意见》，并召开了全省工商联工作暨非公有制经济工作会议，促进掀起了湖北非公有制经济发展新高潮。

鼓励支持，把非公有制经济人士推举到社会主义现代化建设的大舞台上来

毫不动摇地鼓励、支持和引导非公有制经济发展与毫不动摇地巩固和发展公有制经济共同构成我国社会主义现代化建设的经济发展方针。改革开放以来，我国非公有制经济人士从无到有，队伍从小到大。目前，我国5000多万非公有制经济人士执业在900多万家私营企业和4000多万家个体工商户中，非公有制经济人士已经成为我国社会主义现代化建设的重要力量。建设社会主义现代化，这支队伍还需要进一步发展壮大，还需要进一步营造并优化有利于其诞生、成长、发展、壮大的土壤和环境。

2011年1月7日，《湖北日报》头版刊载了一张合影照：企业家坐前排，湖北省委、省政府领导站后排，一种深刻的民本理念和

丰富的重商情怀跃然纸上。湖北省委、省政府倡导"宁愿政府麻烦，不让企业费事"的服务理念，倡导用优良的人文软环境"营造气候、土壤、空气、阳光和水分"，以利于"生长人才、项目、资本、企业和企业家"；倡导在以企业家为主角的招商会、座谈会上以"先商后政"的次序介绍与会人员。这些创新意识与行为，把非公有制经济人士推举到社会主义现代化建设的大舞台上，大力提升了广大非公有制经济人士在湖北创业发展的积极性。目前，湖北超过220万户的市场主体，90％以上的新增就业、接近60％的固定资产投资、超过50％的民营GDP等指标记载了非公有制经济的贡献，非公有制经济已经成为支撑湖北经济大厦的顶梁柱，成为湖北发展经济、繁荣市场、扩大就业、技术创新、改善民生、稳定社会的重要力量。

湖北肩负着构建战略支点、促进中部崛起的重大战略任务，这需要最广泛地汇聚智慧和力量，特别是非公有制经济发展的力量。2012年3月至5月，响应全国工商联和湖北省政府的号召，湖北省工商联会同23个省市的工商联和商会，共同组织全国各地的民营企业家参加"民企携手湖北　共促中部崛起"活动，组织民营企业走进湖北、投资湖北、发展湖北，在湖北现代化建设的大舞台上，为推进湖北跨越式发展再加一把力。

组织引导，把非公有制经济人士集合到创新社会管理的大合唱队伍之中

不断发展壮大的非公有制经济人士特别是代表人士队伍是社会建设和社会管理的重要力量，他们有经济实力、有社会影响、有爱国为民情怀、有感恩奉献促进共同富裕的高尚风范，是创新社会管理、构建和谐社会的生力军，必须充分发挥他们的重要作用。

在构建社会主义和谐社会的大背景下，湖北省工商联和所属商会组织注重引导非公有制经济人士构建和谐企业，做到企业与人与社会相互依存、共同受益、和谐发展；注重引导非公有制经济人士建设企业诚信，优化企业文化、企业责任和企业形象；注重努力提升企业生产、经营、管理水平，提高企业持久的竞争力、影响力、发展力。湖北"信义兄弟"生死接力送薪，为的是不拖欠农民工工资，展现出现代企业家高尚的社会信义和现代企业诚信，其感人事迹感动中国。

在构建社会主义和谐社会的大合唱中，湖北省工商联积极引导非公有制经济人士参加新农村建设，响应湖北省委、省政府的号召，支持、帮助贫困地区、革命老区和少数民族地区的开发建设。2012年5月，在全国政协经济委员会和湖北省政协的带领下，湖北省工商联和武汉市工商联组织工商联界别的政协委员和民营企业家积极参加"全国政协委员携手助推大别山经济社会发展"活动，努力为大别山革命老区扶贫开发贡献一份力量，受到革命老区人民的欢迎，产生了良好的经济社会效益。政协委员和企业家们在活动中接受了革命传统教育，感受了老区人民的深情厚谊，增添了和谐意识与为民情怀，提升了精神境界。

在创新社会管理的新形势下，湖北省工商联积极引导非公有制经济人士参与和谐社区建设。全国非公有制经济先进典型百步亭集团董事长茅永红，用"以人为本、以德为魂、以文为美、以和为贵"的理念经营管理百步亭社区，该社区先后荣获全国最佳人居环境社区、全国和谐社区建设示范区、全国文明社区示范点等多个奖项。

非公有制经济人士是创新社会管理、构建和谐社会的生力军，必须充分发挥他们的重要作用。

（原载于《工商时报》2012年6月1日；

《人民政协报》2012年6月6日）

凝聚改革共识　共促湖北发展

坚持走中国特色社会主义道路，促进非公有制经济健康发展和非公有制经济人士健康成长是工商联组织的历史责任。作为省工商联主要负责人，要担好这份责任，必须与省工商联全体领导班子成员一道，团结广大非公有制经济人士，最广泛地汇聚智慧和力量，以"两个健康"的工作成绩为湖北"建成支点、走在前列"作出贡献。

引导非公有制经济人士坚定理想信念

深入学习贯彻党的十八大和十八届三中全会精神，引导广大非公有制经济人士理解改革、支持改革、参与改革，把思想和行动统一到全面深化改革的目标任务上来；引导广大非公有制经济人士坚定对中国特色社会主义的信念、对党和政府的信任、对企业发展的信心、对社会的信誉，爱国、敬业、诚信、守法、贡献，做合格的中国特色社会主义事业建设者。

促进非公有制经济提质增效

落实"竞进提质、升级增效"总要求，把质与量作为湖北非公有制经济发展的双重目标，致力于转变经济发展方式落实到企业，促进企业建立现代企业制度，科学管理企业，健康发展企业，提升企业竞争力和经济贡献率。巩固扩大"民企携手湖北，共促中部崛起""政协委员和民营企业家携手助推大别山经济社会发展""汇聚楚商力量共促湖北发展""回归工程""光彩事业行""千企帮千村，脱贫奔小康"等活动成果，促进全省非公有制经济健康发展，服务全省经济社会发展大局。

倡导非公有制企业和企业家为社会主义和谐社会建设作贡献

倡导非公有制经济人士弘扬中华民族传统美德和时代新风，致富思源、富而思进，奉献公益事业，重视环境保护；增强社会责任，共建和谐社会，在扩大就业、改善民生、创新社会管理等方面发挥作用，为建设资源节约型、环境友好型社会贡献力量。

（原载于《湖北日报》2014年7月29日）

工商联事业伴随人民政协事业健康发展

1949年9月21日，中国人民政治协商会议正式成立。人民政协为成立新中国、建设新中国、发展中国特色社会主义事业作出了重要贡献。当前，人民政协为全面深化改革、全面建成小康社会，推进我国社会主义现代化建设发挥着重要作用。

工商联是人民政协的重要界别，是人民政协大家庭中的重要成员。工商联事业是中国特色社会主义事业的重要组成部分，伴随人民政协事业健康发展。

在新中国成立初期，湖北工商联成员"听毛主席的话，跟共产党走，走社会主义道路"，积极参加社会主义建设，为恢复和发展国民经济、支援抗美援朝等爱国运动作出了贡献。

在改革开放的大潮中，湖北工商联成员与湖北人民一道，在党的十一届三中全会精神的指引下，在中共湖北省委的领导下，掀起了解放思想、全民创业的民营经济发展热潮。今天，我们回顾湖北民营经济健康发展的动力与成因，清晰在目：从放胆提出"中部崛起"的湖北思维，到上升为国家区域经济发展战略，到"建成支点、走在前列"的湖北行动；从冷静思考"民营经济发展不够、外向型经济发展不够、科技成果转化为生产力不够"的三大差距，到提出超常规发展、跨越式发展、科学发展的工作举措；从指标压力、比较压力、考核压力等压力性思维到"要指标不要压指标、要比较不要盲目攀比、要发展不要污染环境的发展"的科学指南；从"用硬措施改善软环境"，到大力推进市场化改革、放宽市场准入、减少行政审批事项；从提出"一主三化"的发展方针，到连续12年大力推进以民营经济为主的县域经济发展；从郑重提出"产业第一、企业家老大"的理念，到倡导"重商、懂商、亲商、暖商、悦商、利商、留商、敬商、护商"文化；从"竞进提质、升级增效"的宏观经济指向，到转变经济发展方式落实到企业的具体行动；有力推进了湖北民营经济较好较快发展。

在工商联事业发展进程中，湖北推出了一系列改革创新举措：从中共湖北省委、省政府下发全国第一个新时期加强和改进工商联工作的文件，到建立省领导联系省外湖北商会制度；从中共湖北省委、省政府两办下发全国第一个加强县级工商联工作的文件，到创造性地开展"光彩行""回归工程""千企帮千村""政协委员和民营企业家携手助推大别山经济社会发展"；从重视楚商定名、成立楚商联合会、召开楚商大会，到组织邀请国内外企业家汇聚智慧力量共促湖北发展；从大力开展非公有制经济人士理想信念教育实践活动，到积极倡导与加强企业诚信、企业责任、企业文化和现代企业制度建设。得益于中共湖北省委的正确领导，得益于人民政协大家庭中各民主党派、人民团体和无党派人士的团结合作，作为人民政协事业重要组成部分的湖北工商联事业持续健康发展。

在人民政协大舞台上，工商联界别委员积极参政议政，建言献策。2008年3月，湖北工商联成员会同35位在鄂全国政协委员在全国政协十一届一次大会上提出《关于请求对湖北四湖流域实施血防综合治理的提案》，受到贾庆林、李克强、回良玉等领导的重视并批示，列为全国政协重点提案，湖北省政府、卫生部、农业部等启动了省部联合防治行动，这一重大建言成果受到社会各界的广泛好评。2011年3月，湖北省工商联成员在全国政协十一届四次大会上以大会口头发言、书面发言、大会提案三种建言方式大力呼吁："实行医保、医疗、医药联动改革，采取综合措施治理'过度医疗''过度用药''过高药价'这三大侵蚀基本医疗保险基金的顽症，杜绝浪费，保障有限的保险资金发挥更大的保障效益。"当年，国家卫生部、人力资源和社会保障部高度重视，以专文答复，认为"非常具有参考价值"，"并会在工作中积极推进"。这一重大建言成果有力有效地促进了国家医疗保险制度改革进步。2013年3月，湖北工商联成员在全国政协十二届一次大会上提出《关于高效发展混合所有制经济的提案》，建言"在公有制与非公有制经济发展道路之间拓宽混合所有制经济发展道路，推进国民经济高效率发展"；建言通过发展混合所有制经济，增强国有经济活力、控制力和影响力；建言"高效发挥国有资本的经济杠杆作用，以国有资本参股投资非公有制企业方式，促进非公有制企业优化股权结构，提升企业管理、企业信誉和发展能力，为非公有制经济健康发展添加动力"。该提案受到高度重视，国务院研究室专文答复："我们将进一步研究您提出的建议，进一步研究国有经济的地位与作用、国有资本参股而非控股民间资本以及如何在政策中淡化所有制身份等问题，并把这些研究体现在有关政策中。"发展混合所有制经济作为委员重要建议之一写入了全国政协十二届二次常委会工作报告。在湖北省政协平台上，工商联界别委员通过大会发言、提案建议、社情民意信息等方式履职建言，取得显著成效。

当前，湖北工商联成员决心高举中国特色社会主义伟大旗帜，在中共湖北省委的领导下，在政协大家庭中，与社会各界人士一道，努力为人民政协事业发展、为"五个湖北"建设贡献智慧和力量。

（原载于《世纪行》2014年第9期）

汇聚智慧力量　发展商会事业

汇聚智慧力量、促进经济发展，是我们的现实责任和历史使命。为了团结广大民营经济人士为之奋斗、贡献力量，需要发展商会事业。

创新发展商会事业

在人类历史长河中，中国人的好奇心和探索精神为人类贡献了"四大发明"，给历史的航船驶向文明时代注入了智能动力。在现代化进程中，时代呼唤要加速中国的现代化，为全人类的现代化做贡献。建设中国的现代化必须建设创新型的中国，建设创新型中国需要我们创新发展商会事业。

创新需要杰出人才的突出贡献，也需要集中广大民众的集体智慧。创新需要科学家的探索发现，也需要我们每一个劳动者今天的工作比昨天做得更好。所以，发现是创新，发明是创新，综合就是创新，应用更是创新。

楚商联合会会长陈东升先生的创新观：开拓创新是金融企业发展的源泉，向先进学习，率先模仿也是创新。他通过理念创新、机制创新、产品创新、服务创新，从而促进了"泰康人寿"健康、快速发展。

湖北省委、省政府高度重视充分发挥省内外湖北商会的作用，发展壮大促进经济发展的统一战线。2005年，在全国率先出台了《关于进一步加强工商联工作的意见》，明确规定工商联作为非公经济领域内的行业商会、异地商会的主管单位；2010年，创新建立了省领导联系省外湖北商会的机制。

自2006年以来，湖北省工商联联系28个省、38家省外湖北商会，联系近20万民营经济人士、近1000万在省外工作的湖北老乡关心家乡建设。

在引导组织民营企业参与新农村建设方面有三个词："上山，下乡，回归。"上山，即唱山歌、演山戏、富山民、兴山村；下乡，即兴办、发展涉农企业，组织分散农户参与农业产业化经营，出现了一批"企业家村长"；回归，即人回归、心回归、事业回归，人回归就是大家常回家看看，心回归就是心中有家乡，事业回归就是在外面发展事业的同时，不忘支持家乡的发展。在"全国政协委员和民营企业家携手助推大别山经济社会发展"和"民企携手湖北，共促中部崛起"等重大活动中，省外湖北商会和湖北籍企业家作出了重大贡献。

同心发展商会事业

2011年，集合湖北省内外商会商人、专家学者、新闻媒体及社会各界的意见和智慧，湖北商人正式定名"楚商"。为此，湖北省人民政府召开了新闻发布会，将"楚商之名昭告天下"，以"敢为人先、勤劳智慧、刚毅诚信、奋斗向上"为题研讨楚商精神，深入开展"同心建支点，同行促跨越"，引导民营经济人士自觉践行社会主义核心价值观，与党和人民同心同德、同心同向、同心同行，努力做合格的中国特色社会主义事业建设者。

湖北省工商联、湖北省总商会建议湖北省委、省政府适时召开楚商大会，团结楚商，为科学发展湖北、构建战略支点、全面建设小康社会贡献力量。届时，将组织100多家商会、1000多名企业家人士开一个大会；搞一个大型的招商引资活动；办一次商会论坛。

成立楚商理事会，是我们学习浙商的做法。这个理事会是世界楚商大家庭，不仅是国内的楚商，包括国外的楚商也纳入进来。

成立楚商投资集团，建设楚商银行，建设楚商大厦，是已经形成共识的三件大事，要积极推进。其中，成立楚商投资集团，已在工商局进行了预约登记。

用同心思想建设重商文化，把民营经济人士推举到中部崛起战略支点建设的大舞台上来；用同心思想组织引导，把民营经济人士集合到构建"五个湖北"的大合唱队伍之中。

诚信发展商会事业

诚信是企业品格。企业文化、企业责任、企业形象都与它紧密相关，它关系企业日常生产经营管理，也关系企业持久的竞争力、影响力，关系企业的发展速度、效益、后劲。

诚信是商会的基石。科学发展商会，必须在企业诚信的基础上建设商会诚信。

楚商正在以实际行动展现诚信品格与社会责任。北京湖北商会会长陈东升先生荣获中国最受尊敬企业家称号，为武汉大学捐赠过亿元，为井冈山等革命老区和湖北家乡做了很多捐赠工作，这就是企业社会责任感的优秀代表；重庆湖北商会会长胡崇理先生，荣获2009年度中国慈善突出人物贡献奖；河南湖北商会会长黄斌先生，光荣担当河南省招商顾问，提出为会员服务、为社会服务；上海湖北商会会长胡黎明先生，提出超越客户期望实现发展愿景和社会价值；辽宁湖北商会会长张照华先生，提出肩负发展湖北、振兴东北的双重责任；黑龙江湖北商会会长陈新先生，提出用一个成绩回报两个家乡，一个是湖北，一个是黑龙江。湖北劲牌集团董事长吴少勋先生，提出企业财富取之于社会也理应回报社会；凯迪集团董事长陈义龙先生，提出企业宗旨是奉献环保，造福人类；爱帝集团董事长胡爱娣女士，提出企业与员工同步发展，用同心思想汇聚员工的智慧和力量；卓尔集团董事长阎志先生，提出通过企业的发展不断回报社会；加拿大中国商会会长舒心先生，提出企业家胸怀是以人格注册资本；九州通集团董事长刘宝林先生，提出为建设千亿元民营企业努力奋斗；湖北优秀企业家信义兄弟孙水林、孙东林，生死接力送薪的感人事迹感动中国，"无论自己多困难，不拖欠农民工一分钱"的承诺，说得到，做得到。

随着时代的进步与发展，当代商人精神与风貌不断优化，"爱国、敬业、诚信、守法、创新、贡献"逐渐成为广大民营经济人士的自觉意识与主动行为，成为建设伟大祖国、建设美丽家乡的精神力量。健康发展商会事业是各级各类商会组织及其会员的共同责任，"非公有制经济健康发展"和"非公有制经济人士健康成长"是我们共同的目标，必须共同为之努力奋斗。

2013年4月28日

楚商定名的来龙去脉

伴随市场经济发展，我国商会组织及其活动十分活跃。除了工商联、总商会（民间商会）等综合性组织外，还出现了行业（同业）商会、区域商会等特色组织。把不同经商地但同籍贯地的商人组织起来建立商会，并把各地此类商会联合起来成立联合会，并确定一个简明的称谓是中国商人及其商会组织的特色。

与浙商、晋商、徽商、苏商、粤商、闽商、湘商、豫商相比，湖北商人简称确定较晚，主要原因是对名称意见不一。有人认为，"商人简称应与湖北简称同名，定名鄂商即可"；有人不赞成，认为"历史上，称鄂的区域在湖北东南部，在湖北版图占比较小，定名鄂商代表性不强"；有人反对，认为"湖北话鄂与恶同音，定名鄂商不妥"；还有解字说，"鄂字两个口在讲，一只耳朵在听，偏听则亏，定名鄂商不好"；甚至有的人以行动拒之，"你召开鄂商大会，我不参加"。还有人建议，"湖北商人定名汉商较好，因为汉水贯穿湖北大部，从古至今汉口、汉阳、江汉与湖北关联度极高，且汉水与汉朝、汉族定名也不无关联"。还有人建议，"定名楚商，楚国历史800年，有重商文化与传统"。还有人建议定名荆商（因为荆楚文化）、郢商（因为历史上楚国都城为郢城）等，众说纷纭，意见不一且难以统一。

解难题往往逼出新办法。人们对湖北商人定名意见不统一，但关注点同一。为何不因势利导，广泛听取意见，汇聚大众智慧，求得最大共识，以群众性共识为群众性组织定名呢？因此，湖北省工商联先召开专家委员会会议商定方略，再携手《楚天金报》和《荆楚网》，于2011年7月22日至8月3日，开展了"为湖北商人定名的意义何在"的讨论和"湖北商人简称啥"的征名定名活动，湖北省内外的14万多人参与讨论和投票，征集得到楚商、鄂商、汉商、荆商、九商、鹤商、湖商、衢商、洪商、郢商共10个名称，其中楚商得票最多，湖北商人从此定名楚商。事后，湖北省工商联召开专家委员会会议分析原因：楚商定名活动经历了从"争鸣"到"议名"到"征名"到"定名"四个环节，活动参与人数众多，社会影响广泛，最终"楚商"以绝对优势的票数胜出，是因为社会公众对楚文化中重商文化的青睐，"筚路蓝缕的创业精神、敢为人先的创新精神、兼容并包的开放精神、忠贞不渝的爱国精神"是楚商文化的集中体现。

　　继楚商定名活动之后，"将楚商之名昭告天下"，广泛形成共识。紧接着，湖北省工商联组织协调成立了其成员覆盖全球的楚商理事会。再接着，全国工商联、中国侨联与湖北省委省政府共同举办了首届楚商大会，充分发挥了"汇聚楚商力量，共促湖北发展"的经济杠杆作用。

2013年11月1日

建立新型政商关系政协大有作为

政商关系是重要的政协工作关系之一。工商联是政协的重要界别，企业家委员是政协委员的重要组成部分，做好他们的工作，对于汇聚智慧力量发展人民政协事业、促进民营经济发展意义重大。

从政协角度，构建亲清新型政商关系要处理好两个关系：

一是政协组织与商会组织之间的关系

从2010年起，湖北建立省领导联系省外湖北商会机制，省政协领导参与联系省外湖北商会，做四件事：1.宣传湖北经济社会发展情况，听取意见和建议；2.宣传湖北，吸引商会组织企业家回湖北投资兴业；3.加强两地省领导之间的联系，搭建省外湖北商会与当地省领导沟通交流的平台；4.邀请省外湖北籍企业家列席参加省政协会议。收到了"汇聚智慧力量、共促湖北发展"的实效。

二是政协组织与具有代表性商人身份的政协委员之间的关系

多年来，湖北省政协和武汉市政协坚持走访港澳企业家委员，了解并分析两种制度条件下服务市场经济发展的异同点，体会到社会主义市场经济条件下，发挥社会主义集中力量办大事和市场经济高效配置资源双重优势与"促进非公有制经济健康发展和引导非公有制经济人士健康成长"双向工作的重要性。

从政府和政协角度，构建亲清新型政商关系应大有作为。

为此，建议：

第一，以健康的社会引力导向亲清新型政商关系

倡导为民务实清廉新风，在开展廉洁文化进机关的同时开展廉洁文化进企业活动，引导树立企业正气，建立企业廉洁风险防控的制度防线、纪律防线和道德防线。政协组织重在加强对企业家委员的引导、教育和管理，在构建亲清新型政商关系中发挥模范带头作用。

第二，以优质服务改善政商关系

大力倡导"精事简政、服务至上""关心困难企业和中小企业"，把亲清新型政商关系体现在为企业办实事、解难题上。切实把"放、管、服"行政效能改革落到实处，推进规范程序、公开办事、透明服务，促进社会为企业服务体系规范行为、健康发展。

第三，建立企业和商会样本点联系制度

搭建政商交往、政企沟通平台，让政府了解企业、让企业了解政府，促进政商关系公开化、透明化、规范化。

第四，发挥政协人才优势，开展智力扶商活动

加强企业行为调查研究，有针对性地应企业要求提供辅导咨询帮助，提供排忧解难服务，从政协方位推进政商关系健康发展，促进民营经济健康发展。

（原载于《人民政协报》2017年7月19日）

图书在版编目（CIP）数据

从民间草根经济到国家经济支柱 / 赵晓勇著．—北京：中国文史
出版社，2018.6
（政协委员文库）
ISBN 978-7-5205-0400-3

Ⅰ．①从… Ⅱ．①赵… Ⅲ．①民营经济—经济发展—研究—中国

Ⅳ．① F121.23

中国版本图书馆 CIP 数据核字（2018）第 147209 号

责任编辑：程　凤

出版发行：**中国文史出版社**
社　　址：北京市西城区太平桥大街 23 号　邮编：100811
电　　话：010—66173572　66168268　66192736（发行部）
传　　真：010—66192703
印　　装：北京地大彩印有限公司
经　　销：全国新华书店
开　　本：787×1092　1/16
印　　张：15.25　　　插页：1
字　　数：220 千字
版　　次：2018 年 9 月北京第 1 版
印　　次：2018 年 9 月第 1 次印刷
定　　价：46.00 元